Ordnung, Anreize und Moral

Forschungsprogramm »Weiterentwicklung und Perspektiven der Sozialen Marktwirtschaft«

Ordnung, Anreize und Moral

Ethik und wirtschaftliches Handeln in der modernen Gesellschaft

Abschlußbericht zum Schwerpunkt »Ethik und Markt«

Frank Bickenbach, Rüdiger Soltwedel

Herausgeber:
Bertelsmann Stiftung
Heinz Nixdorf Stiftung
Ludwig-Erhard-Stiftung

Verlag Bertelsmann Stiftung
Gütersloh 1996

Die Deutsche Bibliothek – CIP-Einheitsaufnahme
Bickenbach, Frank:
Ordnung, Anreize und Moral : Ethik und wirtschaftliches Handeln in der modernen Gesellschaft ; Abschlußbericht zum Schwerpunkt »Ethik und Markt« ; Forschungsprogramm »Weiterentwicklung und Perspektiven der Sozialen Marktwirtschaft« / Frank Bickenbach ; Rüdiger Soltwedel. Hrsg.: Bertelsmann Stiftung . . . [Verantw.: Stefan Empter]. – Gütersloh : Verl. Bertelsmann Stiftung, 1996
ISBN 3-89204-221-7
NE: Soltwedel, Rüdiger:

Wir drucken auf CHLORFREIEM PAPIER

Verantwortlich: Dr. Stefan Empter
Lektorat: Sabine Stadtfeld
Herstellung: Sabine Klemm
Umschlaggestaltung: HTG Werbeagentur, Bielefeld
Satz: Utesch Satztechnik GmbH, Hamburg
Druck: Fuldaer Verlagsanstalt GmbH
ISBN 3-89204-221-7

Inhalt

Die Soziale Marktwirtschaft als Leitidee für eine funktionsfähige und zugleich menschenwürdige Wirtschafts- und Gesellschaftsordnung hat sich in Deutschland als eine der tragenden Säulen wirtschaftlichen Wohlstandes und sozialer Gerechtigkeit erwiesen. Sie wurde zum Exportschlager für wachstums- und stabilitätsorientierte Schwellenländer, galt als Maßstab für das Zusammenwachsen und den Aufbau europäischer Institutionen und ist für viele nun auch zum Leitbild der Reform- und Transformationsprozesse in Mittel- und Osteuropa geworden. Doch die Bedingungen wirtschaftlichen und politischen Handelns haben sich gewandelt. Wir stehen vor gänzlich neuen Herausforderungen, angesichts derer die Soziale Marktwirtschaft ihre Tragfähigkeit und ihren Modellcharakter immer wieder neu unter Beweis stellen muß.

Ob und in welcher Ausgestaltung die Erfolgselemente der Vergangenheit auch den Anforderungen der Zukunft gerecht werden können – diese Fragestellung hat die Bertelsmann Stiftung, die Heinz Nixdorf Stiftung (vormals Friedrich Spee Stiftung) und die Ludwig-Erhard-Stiftung 1992 zu ihrer gemeinsamen Initiative »Weiterentwicklung und Perspektiven der Sozialen Marktwirtschaft« veranlaßt. In fünf Forschungsschwerpunkten werden die wesentlichen Herausforderungen an unsere Wirtschafts- und Gesellschaftsordnung behandelt: ›Ethik und Markt‹, ›Führung und Motivation‹, ›Internationale Wettbewerbsordnung‹, ›Markt und Staat‹, ›Ökologie und Marktwirtschaft‹. Ziel des mehrjährigen Gesamtprogramms, das in Kooperation mit dem Kieler Institut für Weltwirtschaft bearbeitet wird, ist es, für zentrale Handlungsfelder und Politikbereiche ordnungspolitische (Neu-)Orientierungen zu entwickeln und zu formulieren.

Vorwort

Die notwendige Anpassung unserer Wirtschafts- und Gesellschaftsordnung an neue Rahmenbedingungen und zukünftige Herausforderungen zwingt dazu, immer wieder auch ihre ethische Rechtfertigung zu hinterfragen und vor dem Hintergrund veränderter Prämissen zu begründen. Insofern bildet der Schwerpunkt ›Ethik und Markt‹ den Ausgangspunkt unserer Debatten über Leitbild und Funktionsbedingungen der Sozialen Marktwirtschaft und bietet den konzeptionellen Rahmen für die weiteren Projektarbeiten des Gesamtprogramms.

Die theoretische Auseinandersetzung und der fachübergreifende Dialog im Rahmen dieses Programmschwerpunktes, aber auch ganz praktische Erfahrungen in Politik und Unternehmen zeigen, daß die Ausgestaltung und Fortentwicklung der Sozialen Marktwirtschaft stets und zwangsläufig im Spannungsfeld zwischen ›Freiheit‹ und ›Effizienz‹ einerseits und ›sozialer Verpflichtung‹ andererseits erfolgt.

Marktwirtschaft gründet zwar auf Eigennutz und Selbstinteresse, doch kann Soziale Marktwirtschaft keineswegs auf Moral verzichten. So müssen allgemeine menschliche Tugenden wie Ehrlichkeit, Fairneß, Vertrags- und Gesetzestreue oder Pflichterfüllung in das Wirtschaftsleben eingebracht werden, müssen Nächstenliebe, Rücksichtnahme, Solidarität und Partnerschaft auch im öffentlichen und im Arbeitsleben erwartet werden können. Der zentrale Ort der Moral in einer industriellen Massengesellschaft ist jedoch die Rahmenordnung. Mit ihr muß der reinen Marktwirtschaft das sozialethische Fundament gegeben werden. Auch weil sich in einer freiheitlichen und pluralistischen Gesellschaft unterschiedliche Wertvorstellungen entwickeln, artikulieren und behaupten, bedarf es eines von der Mehrheit akzeptierten und getragenen Regelsystems, welches die richtigen Anreize für gemeinwohlorientiertes Handeln setzt. Die Koordination wirtschaftlichen Handelns bleibt damit eine permanente ordnungspolitische Gestaltungsaufgabe und die eigentliche Herausforderung der politischen und unternehmerischen Praxis.

Der vorliegende Abschlußbericht von *Frank Bickenbach* und *Rüdiger Soltwedel* zum Schwerpunkt ›Ethik und Markt‹ stellt einen ersten wichtigen Schritt zur Formulierung von ethischen Leitlinien für die Ordnung von Wirtschaft und Gesellschaft dar und benennt den ordnungspolitischen Gestaltungs- und Reformbedarf in zentralen Handlungsfeldern der Sozialen Marktwirtschaft. Unser Ziel ist es, im weiteren, intensiven Dialog mit der Politik, der Wirtschaft, den Verbänden, der Öffentlichkeit wie der Wissenschaft hieraus ganz konkrete Impulse für die konzeptionelle Weiterentwicklung und die operationale Ausgestaltung der Sozialen Marktwirtschaft abzuleiten und institutionelle Reformprozesse zu unterstützen.

Reinhard Mohn
Bertelsmann Stiftung

Dr. Gerhard Schmidt
Heinz Nixdorf Stiftung

Professor Dr. Otto Schlecht
Ludwig-Erhard-Stiftung

1. Einführung*

Wirtschaftlicher Erfolg *und* moralische Akzeptanz der Wirtschafts- und Gesellschaftsordnung spielen für deren Stabilität und evolutorische Effizienz eine wichtige Rolle. Der Sozialismus hat beides, Erfolg und Akzeptanz, nicht erreichen können. Er war kaum in der Lage, die Bevölkerung in seinem Einflußbereich dauerhaft mit dem Nötigsten zu versorgen, geschweige denn, nachhaltig zunehmenden Wohlstand zu ermöglichen. Die Schädigung der natürlichen Lebensbedingungen war ungleich größer als in Ländern mit überwiegend marktwirtschaftlichen Wirtschaftssystemen und – das wiegt am schwersten – die Bürgerinnen und Bürger lebten in Unfreiheit bis hin zur physischen Unterdrückung.

Erfolg und Akzeptanz als Basis gesellschaftlicher Stabilität und Evolution

Demgegenüber hat die Marktwirtschaft unbestreitbar wirtschaftlichen Erfolg, und zudem leben die Menschen in den demokratischen Marktwirtschaften in (relativer) Freiheit. Gleichwohl fällt vielen eine Identifizierung mit dem marktwirtschaftlichen System schwer, wirklicher moralischer Respekt bleibt ihm vielfach versagt. Es wird moniert, die Marktwirtschaft sei eine bloße Wohlstandsmaschine und habe keine ethische Verankerung, sie stütze sich einseitig auf Egoismus

* Die Autoren danken Hubertus Müller-Groeling, Frank Trümper und Heimfrid Wolff für kritische Anmerkungen zu einer früheren Version dieses Berichtes. Dieser Bericht wird unter gleichem Titel auch vom Institut für Weltwirtschaft als Kieler Diskussionsbeitrag veröffentlicht.

und wirtschaftliche Macht. Außerdem bringe der Erfolg nicht »Wohlstand für alle«; er gehe vielmehr einher mit gravierenden sozialen Problemen, plakativ umschrieben mit dem Schlagwort der »Zweidrittel-Gesellschaft«, mit dem die systematische Ausgrenzung von bestimmten sozialen Gruppen als Wesensmerkmal dieses Wirtschaftssystems behauptet wird. In der Marktwirtschaft – so heißt es häufig – herrsche »soziale Kälte«.

Markt, Ordnung und Moral stehen in engem Zusammenhang

Doch haben diejenigen, die die Idee einer freiheitlichen Wirtschaftsordnung entwickelt und vertreten haben, immer mit Nachdruck hervorgehoben, daß Wirtschaften nicht Selbstzweck, sondern ein Mittel ist, um individuelle, aber auch gesellschaftlich vereinbarte Zielsetzungen zu erreichen.[1] Schon darin, daß man den einzelnen ernst nimmt, ihm seinen freien Willen und Selbstverantwortung zugesteht, sehen ihre Anhänger einen hohen ethischen Wert der Marktwirtschaft. Sie ist die Wirtschaftsordnung, die mehr als jede andere dem einzelnen Menschen Raum zu seiner Selbstverwirklichung gibt. Unbestritten ist, daß es einer wirksamen staatlichen Rahmenordnung bedarf, um die wünschenswerten Wirkungen des marktwirtschaftlichen Prozesses sicherzustellen. Markt, Ordnung und Moral stehen in einem engen, unauflösbaren Zusammenhang; nur dadurch lassen sich der Wunsch, sein eigenes Glück schmieden zu können (oder – wie es die Verfassung der Vereinigten Staaten ausdrücklich als Recht festschreibt – »the individual pursuit of happiness«) und die Anerkennung von Leistung symbiotisch verbinden mit Verantwortung und Mitmenschlichkeit.

Forschungsschwerpunkt ›Ethik und Markt‹

Die Fragen nach der Beziehung zwischen Ethik und Markt sind ganz bewußt an den Beginn des mehrjährigen Forschungsprogramms »Weiterentwicklung und Perspektiven der Sozialen Marktwirtschaft«[2] gestellt worden, um deutlich zu machen, welch hohen Stellenwert die das Forschungsprogramm tragenden Stiftungen und das Institut für Weltwirtschaft dem Diskurs über Ethik und Markt beimessen. In einem internationalen Workshop über »The Ethical Foundations of the Market Economy« wurde im August 1993 im Institut für Weltwirtschaft über die sozialphilosophischen Grundlagen diskutiert. Auf der Konferenz »Ethik und Markt« wurde im Februar 1994 in der Bertelsmann Stiftung in Gütersloh mit namhaften Vertretern der Wissenschaft, der Wirtschaft, der Verbände und der Politik intensiv über Veränderungen der Handlungsbedingungen und Wertvorstellungen der Bevölkerung debattiert, um Wege zu suchen, wie die Rahmenordnung weiterentwickelt und ein größeres Maß an Akzeptanz erreicht werden kann.[3]

Struktur des Berichtes

In diesem Abschlußbericht zum Forschungsschwerpunkt »Ethik und Markt« soll zunächst dargestellt werden, wie sich die Soziale Marktwirtschaft in das ethische Konzept einer modernen Gesellschaft einfügt (Kapitel 2). In Kapitel 3 sollen ordnungspolitische Leitlinien und konsensfähige Handlungsoptionen für wichtige wirtschaftliche Problemfelder und ethische Konflikte erläutert werden, an die sich Überlegungen zur Umsetzung der ordnungspolitischen Leitlinien anschließen (Kapitel 4). Eine thesenartige Zusammenfassung bildet den Schluß dieses Berichtes (Kapitel 5).

2. Normen und Koordination des Handelns in modernen Gesellschaften

2.1 Individualmoral, Wertepluralismus und Ordnungsethik

Evolution gesellschaftlicher Normen und individueller Werte:

Die gesellschaftlichen Normen und individuellen Wertvorstellungen haben sich im Verlauf der Jahrtausende in einem evolutorischen Prozeß herausgebildet.[4] Das individuelle sittliche Empfinden wird stark geprägt durch die Moral der Kleingruppe, von der sich viele unserer moralischen Intuitionen oder Instinkte ableiten, die sich über die Jahrtausende hinweg behauptet haben – Familie, Clan, Club sind die Bezugsgruppen, in denen sich das tägliche Leben in der Regel abspielt. Diese Moral ist geprägt von einer weitgehenden Homogenität der Wertvorstellungen und Verhaltensweisen derer, die sich kennen und gewöhnt, ja existentiell darauf angewiesen waren, alles Nötige miteinander zu teilen. Die Solidaritätsmoral der Familie, des Clans, gekennzeichnet von genetischem und reziprokem Altruismus, machte das Überleben in Notzeiten oft erst möglich. Moralisches Fehlverhalten von einzelnen konnte von den anderen Mitgliedern der Kleingruppe recht leicht wahrgenommen, abgemahnt und bestraft werden, wodurch die Akzeptanz der moralischen Regeln gefördert wurde.

Von der Wertehomogenität in solidarischen Kleingruppen …

Mit dem Entstehen von Märkten, mit der zunehmenden Vertiefung und räumlichen Ausdehnung der Arbeitsteilung und der damit verbundenen größeren Anonymität der Austauschbeziehungen, haben sich die Interessenlagen von Gruppen und ihren Mitgliedern, die Knappheiten und Zwänge, denen sie sich gegenübersehen, verändert und mit ihnen auch moralische

Normen. In den heutigen Großgesellschaften vollzieht sich wirtschaftliches Handeln weitgehend anonym. Die Herausforderung an die gesellschaftliche Organisation besteht darin, die unzähligen Handlungen der Menschen in Großgesellschaften, die sich immer stärker bis hin zur Globalisierung der Märkte miteinander vernetzen, zu koordinieren und miteinander kompatibel zu machen. Dieser Prozeß hat durch die dramatischen Fortschritte in der Informations- und Kommunikationstechnik, dem Verkehrswesen sowie durch die dadurch beschleunigte Integration von Märkten und Staaten außerordentlich stark an Dynamik gewonnen.

... zur Wertevielfalt in der anonymen Großgesellschaft

»Die Moderne«, wie unsere Zeit häufig genannt wird,[5] ist nicht eigentlich als ein Zeitalter, sondern als ein Prozeß zu verstehen, der einhergeht mit Demokratisierung und zunehmender Individualisierung. Er ist geprägt von dem Respekt vor dem mündigen Bürger und vor der Freiheit des Individuums. Dieser Konzeption der »Moderne« liegt ein individualistisches Weltbild zugrunde: Der Mensch entscheidet aus eigenem Antrieb und in eigener Verantwortung, er setzt sich selbst die Ziele, die er im Leben erreichen möchte. Daraus resultiert eine Vielfalt der persönlichen und gesellschaftlichen Wertvorstellungen sowie eine abnehmende Verbindlichkeit und größere Fragilität überkommener Werte.

Die Vielfalt religiöser, philosophischer und moralischer Anschauungen ist ein nicht mehr wegzudenkendes Merkmal der öffentlichen Kultur von Gesellschaften, in denen die Meinungsfreiheit der Bürger durch Grundrechte und Grundfreiheiten abgesichert ist (Rawls 1992: 299, 334 ff.). Eine einzelne umfassende religiöse, philosophische oder moralische Lehre als Richtschnur für individuelles Verhalten könnte nur durch den repressiven Gebrauch staatlicher Macht durchgesetzt und aufrechterhalten werden. Manche gehen sogar so weit zu sagen, daß der Wertekonsens im Sinne einer verbindlichen Leitlinie für individuelles Verhalten unwiederbringbar zerbrochen ist (Homann 1994 und 1995).

Evolution der gesellschaftlichen Koordination:

Aus diesen Beobachtungen folgt, daß Meinungsverschiedenheiten und Interessengegensätze in modernen Großgesellschaften zu zwangsläufigen Erscheinungen geworden sind, die von abstrakten politischen Fragen bis zu sehr konkreten Aspekten der persönlichen Lebensgestaltung reichen. Eine Koordination über Ziele, über eine einheitliche Wertordnung, der sich alle Bürger unterwerfen, ist in offenen, freien Gesellschaften kaum mehr zu realisieren. Somit ist Vorsorge dafür zu treffen, daß Menschen mit möglicherweise sehr unterschiedlichen individuellen Interessen und divergierenden Wertvorstellungen zusammenleben und zusammenarbeiten können, ohne dauerhaft in (grundlegende) Konflikte verwickelt zu werden.

Von einheitlichen Werteorientierungen …

Die Tatsache, daß es im Wertepluralismus keine alleinige, für alle verbindliche Wertvorstellung und – darauf gegründet – Zielsetzung gibt, wird oft beklagt, weil dadurch Orientierungsprobleme für das moralisch richtige individuelle Handeln auftreten können und zudem eine Kontrolle des moralisch richtigen Verhaltens kaum mehr möglich ist. Der Wertepluralismus wird oft als Werteverfall empfunden. Eine solche Sichtweise verkennt jedoch zweierlei:

(1) Die dem Wertepluralismus eigene Vielfalt ist vom Grundsatz her ein Potential für eine – unter verschiedenen Blickwinkeln – reichere und reichhaltigere Gesellschaft.
(2) In der modernen Gesellschaft, und dies ist der zentrale Aspekt, liegt die Moral nicht primär in den Motiven der Handelnden, sondern in den sanktionsbewehrten Regeln, die das Handeln der Bürger lenken. »Der systematische – nicht einzige – Ort der Moral in der modernen Gesellschaft ist die Rahmenordnung«. (Homann 1994: 74)

… zur allgemeinverbindlichen Rahmenordnung

Die Koordination der individuellen Handlungen erfolgt mithin in erster Linie über allgemeinverbindliche Regeln und neutrale Institutionen. Individuelle Freiheiten entwickeln sich aus dem gesellschaftlichen (kollektiven) Prozeß der Schaffung von Rechten. »Dadurch wird es den Individuen möglich, innerhalb dieser Regeln unterschiedliche Ziele zu verfolgen und dennoch die Funktionsfähigkeit der Gesellschaft nicht zu beeinträchtigen […] Die Integration der einzelnen Individuen in die Gesellschaft erfolgt in der Moderne nicht über eine gemeinsame Weltanschauung, sondern auf der Metaebene eines liberalen, pluralistischen Verständnisses von Freiheit und Demokratie (Homann/Pies 1994b: 98). Nur die liberale Gesellschaft eröffnet allen Menschen die Möglichkeit, ihre individuellen Freiheitsvorstellungen von einem sinnvollen glücklichen Leben in der Gemeinschaft mit anderen zu verwirklichen.

Ordnungsregeln müssen zweckmäßig sein ...

Die Ordnungsregeln müssen zweckmäßig sein.[6] Sie müssen immer wieder an veränderte Knappheitssituationen und Herausforderungen in den Handlungsbedingungen angepaßt und weiterentwickelt werden. Dies bringt die Ökonomik als allgemeine Lehre vom menschlichen Handeln (Mises 1949) ins Spiel, oder als Lehre von den dezentralen Handlungen in einer Tauschgesellschaft (Hayek 1976). Alle Regeln sind einem Test der Zweckmäßigkeit unter der Annahme der ökonomischen Rationalität zu unterwerfen. Bestehen sie den Test nicht, müssen sie angepaßt werden.

... und sie müssen die richtigen Anreize setzen!

Aus ökonomischer Sicht ist der Mensch ein bewertendes, optimierendes und erfinderisches Wesen, das in systematischer Weise auf Anreize reagiert; diese Anreize hängen ihrerseits von dem institutionellen Rahmen ab, dem sich der einzelne gegenübersieht.[7] Daher gilt es, diesen Rahmen so zu setzen, daß die Menschen zu verantwortlichem Handeln angeleitet und moralisch nicht überfordert werden. Moralisch überfordert wären sie beispielsweise, wenn von ihnen verlangt würde, daß sie auf bestehende Anreize nicht reagieren. Wenn sich das Eigeninteresse gegen allgemein akzeptierte politische Ziele richtet, kann in der modernen pluralistischen Welt eine systematische Lösung des Konfliktes nicht in erster Linie darauf gerichtet sein, über Appelle an das Sittlichkeitsempfinden die Menschen auf mehr Gemeinsinn verpflichten zu wollen. Vielmehr ist immer wieder zu prüfen, ob in den Regeln und Institutionen, kurz: in der Rahmenordnung, die Anreize richtig gesetzt sind, um die »moralische Versuchung« zu Lasten Dritter möglichst gering zu halten. Ein auch aus moralischer Sicht einwandfreies Funktionieren der Marktwirtschaft stellt sich nicht deswegen ein, weil die Menschen es willentlich und aus moralischer Überzeugung anstreben; es ist vielmehr ein – vom einzelnen her gesehen – nicht geplantes Nebenprodukt der Wechselwirkungen zwischen (auch, wenn auch keineswegs nur) eigennützig handelnden Menschen in der gesetzten Ordnung.

Die marktwirtschaftliche Ordnung erfordert eine moralische Basis …

Braucht eine in ein solches Regelwerk eingebundene Marktwirtschaft überhaupt noch eine sittliche Fundierung des individuellen Verhaltens? Braucht eine Gesellschaft Gemeinsinn? Die Antwort auf beide Fragen ist ein klares »Ja, aber …«. Die Rahmenordnung kann nicht alle Prozesse im wirtschaftlichen Leben durch ausformulierte Regeln steuern. Hier muß sich die Gesellschaft selbst helfen, indem sich im Marktprozeß Normen herausbilden, welche die Rahmenordnung ergänzen und ausfüllen, die zum Teil auch nach und nach in die Rahmenordnung einfließen. Ohne eine solche individuelle moralische Basis würden die Vorzüge einer Tausch- bzw. Verkehrswirtschaft, in der alle Beteiligten aus den wirtschaftlichen Handlungen und damit aus der Arbeitsteilung Vorteile ziehen, zusammenschmelzen. Gäbe es nur lauter Halunken und unzuverlässige, hintersinnige Gesellen, käme die Wirtschaft nicht vom Fleck, wären die Transaktionskosten unüberwindbar hoch. Ohne klar definierte Eigentumsrechte und den Rechtssatz »Verträge sind einzuhalten« lassen sich in die Zukunft gerichtete Absprachen kaum treffen, die entsprechenden Kooperationsgewinne sich nicht realisieren.

… und fördert zugleich die Moral der bürgerlichen Gesellschaft

Wo man wieder und wieder Geschäfte miteinander machte, bildete sich eine Moral der bürgerlichen Gesellschaft heraus. Mit zunehmender räumlicher Ausdehnung von Marktaktivitäten und steigender Komplexität galt es, Informations- und Transaktionskosten zu vermindern, wurde Reputation immer bedeutsamer, das Prinzip von Treu und Glauben brach sich Bahn. Es hilft dort weiter, wo sich nur unvollständige Verträge schreiben lassen. »Von diesem Prinzip ableitbar sind Sekundärtugenden, die Tugenden des ehrbaren Kaufmanns und Handwerkers: Präzision, Pünktlichkeit, Gewährleistung,

Schadenersatz, eine hohe Zahlungsmoral [...]. Die bürgerlichen Tugenden beschreiben zu einem großen Teil die Moral des Marktes. Es ist ein Verhalten, das zu pflegen sich lohnt, weil hohe Kosten entstehen, wenn man als unzuverlässig und unlauter gilt.« (Giersch 1994a) Mit der zunehmenden Anonymität der Märkte stößt allerdings auch das Reputationskapital an seine Grenzen und bedarf zunehmend justitiabler Regeln. Unter diesen Bedingungen werden die modernen, arbeitsteiligen Gesellschaften immer stärker abhängig von dem System institutioneller Regeln, die Anreize dazu geben, daß die Transaktionen in einer Volkswirtschaft funktionsgerecht ablaufen und zu moralisch vertretbaren Ergebnissen führen.

Markt und Moral sind keine Gegensätze

Um das ökonomische Menschenbild gab und gibt es immer wieder heftige Kontroversen. Oft wird das Eigeninteresse des Individuums, dessen Nutzung dem freiheitlichen Marktsystem immanent ist, mit (ungezügelter) Selbstsucht gleichgesetzt. Wie könne denn überhaupt von »Moral« eines Wirtschaftssystems gesprochen werden, wenn Egoismus die treibende Kraft sei? Es wäre aber ein tiefgreifendes Mißverständnis zu verkennen, daß das Menschenbild der Marktwirtschaft durchaus auf den Menschen aus »Fleisch und Blut« zielt, den nicht das enge, sondern das »erweiterte Selbstinteresse« (Giersch) – also auch Gemeinsinn, Hilfsbereitschaft, Liebe zur Familie und Mitgefühl – leitet.[8] Moralisches Bewußtsein, Gemeinsinn, Gerechtigkeitssinn und solidarische Motive sind mit der marktwirtschaftlichen Wirtschaftsordnung durchaus vereinbar.

Gewiß wird die Art der Sozialisation die Handlungsmöglichkeiten wie auch die Wertvorstellungen (Präferenzen) der Menschen beeinflussen.[9] Zweifelhaft ist freilich, ob es für die Analyse des menschlichen Verhaltens notwendig ist, ein gleichsam faustisches Menschenbild zu unterstellen, in dem zwei Seelen wirken, eine anreizorientierte für wirtschaftliche Entscheidungen und eine moralische für Gewissensentscheidungen.[10] »So sehr es auch manchmal den Anschein haben mag, daß es sich um ein duales Wertesystem handelt, so wenig ist das Bild vom gespaltenen Menschen überzeugend. Bei politischen Wahlen erscheinen viele Entscheidungen kostenlos oder durch Besserverdienende finanzierbar, und dann ist der Gemeinsinn stärker ausgeprägt als in Marktentscheidungen, die zumeist einen klar zugeordneten Preis besitzen.« (Müller-Groeling 1994: 58)[11]

Festzuhalten bleibt: Gerade weil sich in einer freiheitlichen Gesellschaft unterschiedliche individuelle Wertvorstellungen artikulieren und behaupten können (und dies auch sollen), bedarf es einer Rahmenordnung, die die richtigen Anreize setzt, sowie der bürgerlichen Moral des Marktes. Erst dadurch wird ein verträgliches Zusammenspiel der einzelnen Bürger nach ihren eigenen moralischen Überzeugungen und Instinkten dauerhaft möglich.[12] Aus diesem Erfordernis folgt, daß eine weitestgehende Akzeptanz hinsichtlich des Ordnungsrahmens hergestellt werden muß (Abschnitt 2.2); dazu ist unabdingbar, daß die Funktionsbedingungen des marktwirtschaftlichen Systems transparent gemacht werden (Abschnitt 2.3), in die sich das soziale Element im Ordnungssystem einfügen muß (Abschnitt 2.4).

2.2 Diskurs und Akzeptanz

Allgemeinverbindliche Regeln müssen allgemein akzeptiert sein!

Für ein reibungsarmes Funktionieren der freiheitlich-demokratischen Gesellschaft ist unabdingbar, daß ihre grundlegenden Regeln von der großen Mehrheit der Bürger akzeptiert werden. Der Grundgedanke der Demokratie erfordert, daß die Frage, nach welchen Regeln die Bürger miteinander umgehen wollen, im kollektiven Willensbildungsprozeß entschieden werden muß: »Die Betroffenen entscheiden über das Regelsystem und niemand sonst.« (Homann 1994: 78) Ein System bringt auf Dauer nämlich nur dann gute Ergebnisse, wenn Leistungsfähigkeit und -bereitschaft aller einzelnen voll entwikkelt werden, wenn die volle und auf freier Zustimmung beruhende Integration der Mitglieder in das System gelingt. Nur begrenzt und nur unter hohen Kosten läßt sich die freiwillige Akzeptanz durch staatlichen Zwang zur Unterwerfung unter diese Regeln ersetzen.

Akzeptanz der ›Moral offener Märkte‹ …

Viele der marktwirtschaftlichen Prozesse, vor allem die Dominanz des Wettbewerbsprozesses, stoßen auf Kritik, weil »moralsensiblen« Menschen (Homann) oft eine moralische Position fremd ist, die nicht auf der ausdrücklichen Absicht beruht, das Gute zu tun, sondern die auf das Eigeninteresse setzt. Dies widerspricht der moralischen Intuition, die zumeist noch von der Moral der Kleingruppe geprägt ist. Die Spannung zwischen der Kleingruppenmoral und der Moral der offenen Gesellschaft bleibt eher verdeckt, wenn es um die Verteilung von Zuwächsen geht. Sie wird vor allem dann evident, wenn es im verschärften weltwirtschaftlichen Wettbewerb oder im Prozeß der Systemtransformation für größere Bevölkerungsgruppen um das ›Eingemachte‹ geht. Hier stoßen Kleingruppenmoral und die kosmopolitische Moral der offenen Märkte scharf aufeinander. Den Instinkten des Teilens sind defensive, protektionistische Reaktionen vertraut; fremd und unverständlich erscheint aus dieser Perspektive die Notwendigkeit der offensiven Anpassung im Wettbewerb, wie sie aus dem ordnungsethischen Kontext und auch aus der Funktionslogik des marktwirtschaftlichen Prozesses abgeleitet wird (siehe unten Abschnitt 3.3). Die Funktionslogik der Ökonomie zielt auf das Prinzip der Nichtdiskriminierung, »die keinen Unterschied macht zwischen den Nächsten und den Fernsten, den Bekannten und den Unbekannten.« (Giersch 1994a: 31)

… erfordert Diskurs über die marktwirtschaftlichen Prinzipien …

Gerade wegen dieses Spannungsverhältnisses gehört der erläuternde Diskurs über die Funktionsweise des marktwirtschaftlichen Systems zur Bringschuld seiner Befürworter; mehr Wissen und Transparenz über die Rückkoppelungen im interdependenten Wirtschaftsgefüge werden die Akzeptanz für die Marktprozesse nachhaltig fördern.[13] Viele Urteile über eine vermeintlich ethische Minderwertigkeit der Sozialen Marktwirtschaft beruhen auf Trugbildern über die Funktionsmechanismen der Marktwirtschaft, die auf den ersten Blick zwar plausibel erscheinen, sich aber bei genauerer Analyse nicht halten lassen (vgl. Siebert 1994a: 20 ff.).

… und Transparenz der wirtschaftlichen Zusammenhänge

Oft sind durch Eingriffe in das Ordnungssystem, die vielfach auf Trugbildern beruhten, in vielfältiger Weise und in vielen Bereichen des Wirtschaftslebens systemwidrige Anreizstrukturen geschaffen worden. In dem Diskurs über die oft gut gemeinten Veränderungen des Regelwerkes und den daraus resultierenden Spannungsfeldern ist es erforderlich, die Grundprinzipien des marktwirtschaftlichen Prozesses sowie die Langzeitwirkungen von Eingriffen und die Rückkoppelung im interdependenten Wirtschaftsgefüge in die Betrachtung einzubeziehen. Recht betrachtet kann daher vieles von dem, was aus guter Absicht heraus unternommen wurde, kaum noch als »gut« bezeichnet werden, da es im marktwirtschaftlichen Handlungsgefüge negative Konsequenzen mit sich gebracht hat.

Der erläuternde (und werbende) Diskurs muß also deutlich machen, daß Marktwirtschaft keine unethische Veranstaltung ist. Markt, Ordnung und Moral stehen in einem engen, unauflösbaren Zusammenhang:

- Der Markt ist Teil des ordnungsethischen Rahmens.
- Der marktwirtschaftliche Prozeß bringt auch selbst einen Kodex der Ehrenhaftigkeit und Verläßlichkeit hervor.
- Die beklagten ethischen Spannungen resultieren oft aus systemwidrigen Eingriffen.

Der Diskurs wird mit darüber entscheiden, ob es gelingt, die Akzeptanz der marktwirtschaftlichen Prinzipien auch bei den »moralsensiblen« Menschen zu erhöhen. In diesem Diskurs wird verständlich gemacht werden müssen, daß es zum einen einer nachhaltigen Rückbesinnung auf diese Prinzipien bedarf und daß zum anderen die Lösung von gewichtigen neuen Problemen (wie zum Beispiel die zunehmende ›Verknappung der Umwelt‹) mit Blick auf diese Prinzipien angegangen werden muß.

2.3 Wettbewerb und die Offenheit des Systems

Wettbewerb als durchgängiges Ordnungsprinzip

Wettbewerb ist das durchgängige Ordnungsprinzip in einer freien, offenen Gesellschaft, nicht nur in der Wirtschaft, sondern in weiten Bereichen des öffentlichen Lebens: Im Leistungswettbewerb müssen sich Unternehmen bewähren, im Standortwettbewerb konkurrieren Kommunen, Regionen und ganze Volkswirtschaften auf der Basis ihrer Ordnungssysteme um Investoren und die Chance, ihre wirtschaftliche Lage und damit zumeist auch ihre gesellschaftlichen Möglichkeiten zu verbessern; in der Wissenschaft konkurrieren neue Ideen und Hypothesen mit überkommenen Vorstellungen, im politischen Bereich müssen sich Parteien im Wettbewerb um die Wählergunst bemühen.

Leistungswettbewerb braucht freie Preisgestaltung und freien Marktzugang

Damit er wirksam werden kann, benötigt der Leistungswettbewerb die Möglichkeit der freien Preisgestaltung, denn die tüchtigeren Anbieter müssen sich über niedrigere Preise durchsetzen können; hohe Preise müssen die Anbieter in jene Bereiche lenken können, in denen Knappheiten herrschen, fallende Preise müssen signalisieren können, daß es sich immer weniger lohnt, in Bereiche zu investieren, in denen relativer Überfluß herrscht. Im wettbewerbsgelenkten Tauschprozeß ist es in das Ermessen der Tauschpartner gestellt, sich auf einen Preis zu verständigen, von dem sie sich beide einen Vorteil versprechen. Damit öffnet sich ein Weg aus der Sackgasse bei der Suche nach einem ›gerechten‹ Preis: An die Stelle einer elitären Institution, die ihre Bewertung dem Markt vorgibt, tritt das Prinzip des freiwilligen Vertrages, der je nach den individuell verfügbaren Alternativen geschlossen wird oder nicht. Und diese Alternativen sind bei mehr Wettbewerb insgesamt zahlreicher als bei eingeschränktem Wettbewerb. Wettbewerb impliziert also, unter mehreren Möglichkeiten wählen zu können.

Wettbewerb kann natürlich auf Dauer nur wirksam sein, wenn der Zugang für neue Anbieter von Gütern, Diensten und Ideen nicht versperrt ist. Sonst kann sich Macht etablieren, werden Konsumenten übervorteilt, und es wird der Druck für Anbieter, sich durch Leistung zu bewähren, vermindert oder gar aufgehoben. Wettbewerb erfordert daher einen starken Staat, der in der Lage ist, das Begehren der Anbieter – sei es als Anbieter von Gütern, sei es als Anbieter von Arbeitsleistung –, zum Schutz vor Wettbewerb abzuwehren. Dieses Begehren wird zumeist unter dem Deckmantel des Gemeinwohls eingebracht, letztlich liegen ihm jedoch fast immer egoistische Gruppeninteressen zugrunde. Solche Privilegien des Schutzes vor Konkurrenz durchziehen Wirtschaft und Gesellschaft in vielfältiger Form. Sie können sich nur erhalten durch die Komplizenschaft des Staates.

Wettbewerb auch im staatlichen Bereich

Zum Wohle des Konsumenten (und des Steuerzahlers) ist es wichtig, Wettbewerb auch in den Bereichen einzuführen, für die der Staat Verantwortung übernommen hat. Zum einen geht es dabei um den Rückzug des Staates als ›Unternehmer‹, um der Kostenkontrolle und der Innovation mehr Gewicht zu verschaffen. Zum anderen geht es um das Einführen und Einüben von Wettbewerb oder wettbewerbsähnlichem Verhalten in der staatlichen Verwaltung, damit diese gezwungen wird, mit dem Geld des Steuerzahlers sparsamer umzugehen; die Administration würde dann beweisen müssen, daß sie ihr Geld wert ist, und sie würde zu mehr Bürgernähe gezwungen.

Die ethische Qualität des Wettbewerbs:

Der Wettbewerbsprozeß ist in seiner Wirkung also von hoher ethischer Qualität: Er sorgt für eine effiziente Verwendung der Ressourcen, ist Triebkraft der wirtschaftlichen Entwicklung und bietet Schutz vor Willkür und Ausbeutung. Er eröffnet Chancen für die Bürger, aus eigener Kraft und in eigener Verantwortung ihr Leben zu gestalten. Das Problem der Knappheit materieller Güter kann er zwar nicht aus der Welt schaffen, wohl aber es lindern: Durch seine Kostenkontrollfunktion zwingt er zu wirtschaftlichem Umgang mit knappen Gütern und hilft dadurch, Verschwendung zu vermeiden. In seiner Funktion als effizientes Entdeckungsverfahren (Hayek 1968) übt er fortwährenden Druck auf die Unternehmer aus, sich durch Innovationen im Markt zu behaupten. So fördert der

Wahlfreiheit, Wohlstandsmehrung und Konfliktlösung

Wettbewerbsprozeß mehr Wohlstand für alle.[14] Der Wettbewerb macht das Marktgeschehen transparenter und hilft, den individuellen Eigennutz zu disziplinieren (Giersch 1995). Durch die Freiwilligkeit der Tauschvorgänge und die Marktkoordinierung fördert er das friedliche Lösen von Konflikten.

Freilich erzwingt der Wettbewerb Anpassungen und macht dadurch deutlich, daß es eine dauerhafte Garantie von Besitzständen in einer offenen Gesellschaft ohne die Bereitschaft, auf allfällige Herausforderungen zu reagieren, nicht geben kann. Dies wird oft als »gnadenloser Wettbewerb« bezeichnet, und man spricht von einer »Ellenbogengesellschaft«, in der das Menschliche zu kurz komme. Hier gilt es, sorgfältig denjenigen, der wegen seiner mangelnden Anpassungsbereitschaft und überteuerter Leistungen keine Käufer mehr findet, zu unterscheiden von jenem, der trotz intensiven Bemühens scheitert. Daß der Wettbewerb den einen verdrängt, gehört zu seiner ethisch wohlbegründeten Aufgabe, dem Besseren und Kostengünstigeren Bahn zu brechen; daß er den zweiten in seiner Not allein läßt, widerspricht einem weit verbreiteten Gerechtigkeitsgefühl.

Soziale Sicherung als konstruktives Element der Marktwirtschaft

Es ist nur konsequent, eine Sicherung gegen unverschuldetes Elend zu fordern, um die Furcht vor dem Scheitern nicht in eine den Fortschritt lähmende, existentielle Angst umschlagen zu lassen, die ihrerseits die innovationsfeindliche Angst vor dem Risiko schürt. Ein weiteres kommt hinzu: Die Chancen auf eine Teilnahme am Wettbewerbsprozeß sind in vielfältiger Weise beschränkt und oft ungleich verteilt. Systemkonforme Maßnahmen in vielen Politikbereichen – wie z. B. der Sozialpolitik und der Bildungspolitik – zielen darauf, mehr Chancengerechtigkeit zu schaffen; dies erhöht die soziale Akzeptanz für das Prinzip des Wettbewerbs und zugleich auch seine Wirksamkeit. Soziale Sicherung und sozialer Ausgleich sind also keineswegs nur ein im Grunde systemfremdes Anhängsel der Marktwirtschaft, sondern vielmehr ein wesentliches konstitutives Element,[15] das dazu beiträgt, das Potential des Systems voll auszuschöpfen und zu steigern.

2.4 Das soziale Element im Ordnungssystem

Soziale Sicherung primär durch erfolgreiche Marktpolitik …

Der Konzeption der Sozialen Marktwirtschaft entspricht es, in erster Linie durch die angemessene Gestaltung der ökonomischen Rahmenordnung dafür zu sorgen, daß aus dem Wirtschaftssystem heraus soziale Verhältnisse entstehen können; erst in zweiter Linie sind subsidiär soziale Sicherungssysteme zu etablieren. Diese sollten wiederum genügend Spielraum für Eigenvorsorge lassen. Die subsidiäre Rolle der Maßnahmen zum sozialen Ausgleich darf nicht aus dem Blick geraten, um das Wirtschaftssystem nicht zu überfordern und um zu verhindern, daß sich Maßnahmen der sozialen Sicherung selbst die ökonomische und finanzielle Basis entziehen.

… und nur subsidiär durch sozialpolitische Maßnahmen

Die beste Sozialpolitik ist mithin eine erfolgreiche Marktwirtschaftspolitik; nicht die Reichen ärmer, sondern die Armen reicher machen, lautet die Devise. Mehr Freiheit und mehr Wohlstand durch Markt und Wettbewerb fördern soziale Ziele wie Aufstieg durch eigene Leistung, Kontrolle wirtschaftlicher Macht und nicht zuletzt eine gesunde materielle Grundlage für notwendige soziale Korrekturen. Maßnahmen der sozialen Sicherung sollten nicht gegen den Markt vorgenommen werden und damit seine Funktionsbedingungen schwächen, sondern vielmehr innerhalb des marktwirtschaftlichen Anreizsystems. Wirkliche soziale Absicherung ist nicht allein eine Frage der guten Absichten, sondern auch und vor allem der Leistungskraft des Wirtschaftssystems. Die Vorstellung, soziale Gerechtigkeit könne – als ›ausgleichende Gerechtigkeit‹ – nur außerhalb des Marktes oder durch Einschränkung des Wettbewerbes erreicht werden, ist daher abwegig.

Die Gerechtigkeitsvorstellungen, die der Ausgestaltung von sozialen Rahmenordnungen und direkten staatlichen Eingriffen zugrunde liegen, zielen häufig darauf ab, mehr »Ergebnisgerechtigkeit« zu verwirklichen. Eine Einigung darüber, was im Sinne der Endverteilung gerecht ist, kann es aber nicht geben, weil Gerechtigkeitsvorstellungen höchst subjektiv und situationsbedingt sind;[16] zudem ist fraglich, und dies ist der wichtigere Aspekt, ob sich alle tatsächlich das gleiche Glück schmieden möchten – die Vielfalt der individuellen Vorstellungen vom Glück dürfte sich kaum in wenigen Maßgrößen ausdrücken lassen. Sinnvoll und auch operational läßt sich Gerechtigkeit eher definieren als »Prozeßgerechtigkeit«, »Spielregelgerechtigkeit« oder »Chancengerechtigkeit«. Im ordnungsethischen Rahmen werden die Regeln definiert, nach denen die Prozesse ablaufen sollen, das Ergebnis dieser Prozesse bleibt dabei offen. Damit wird der Blick gewendet von einer reinen Umverteilungszielsetzung, der die Vorstellung eines »Nullsummen-Spiels« zugrunde liegt, hin zu einem offenen Prozeß des »Positivsummen-Spiels«.[17] Außenseitern bietet der Wettbewerb Chancen, ihre Position aus eigener Kraft zu verbessern.

Nicht ›Ergebnisgerechtigkeit‹, sondern ›Prozeß‹- bzw. ›Chancengerechtigkeit‹!

Dem Staat kommt auch aus dieser Sichtweise eine aktive und wichtige Rolle bei der Vorsorge für die Wechselfälle des Lebens zu. Es gibt gewichtige Gründe für die Existenz einer auf staatlichem Zwang beruhenden, subsidiären sozialen Sicherung (Breyer 1994a: 124). Die entscheidende Frage ist deshalb nicht die nach einem grundsätzlichen »Ja« oder »Nein« zur Sozialpolitik, sondern die Frage danach, ab welchem Punkt die Einführung weiterer sozialpolitischer Maßnahmen ›zu teuer‹ wird. Entscheidend ist hier, daß auch die Langzeitwirkungen und die Rückkoppelungen im interdependenten Wirtschaftsgefüge ausreichend berücksichtigt werden. Insbesondere ist zu beachten, daß sozialpolitische Eingriffe in das Marktsystem, die möglicherweise jeweils für sich genommen nur geringe Opportunitätskosten verursachen, in ihrer Gesamtheit die Funktionsfähigkeit der Marktwirtschaft und damit ihre eigenen Grundlagen gefährden können (Soltwedel 1994:).[18] Unabhängig von den Zielen, die im einzelnen mit sozialpolitischen Maßnahmen verfolgt werden, muß allgemein gelten, daß die staatlichen Maßnahmen dem Prinzip der Wirtschaftlichkeit unterliegen, also eine effiziente Ziel-Mittel-Relation gewählt wird.

Effizienz als Kriterium sozialpolitischer Eingriffe

3. Leitbild »Soziale Marktwirtschaft« – Korrektur- und Gestaltungsbedarf

Leitbild und Realität der Sozialen Marktwirtschaft:

Richtet sich der Blick nun von dem im vorangehenden Kapitel skizzierten Leitbild der Sozialen Marktwirtschaft auf die wirtschaftliche Realität und die wirtschaftspolitische Praxis, so werden breite Spannungsrisse deutlich. Die ethische Befindlichkeit des »real existierenden« Systems ist nicht gut. Daß viele zögern, ihm moralischen Respekt zu erweisen, ist deswegen nur allzu verständlich.

Schwerpunkte ordnungspolitischer Defizite

- Die Freiheitsrechte vieler Menschen sind durch die anhaltend hohe Arbeitslosigkeit über Gebühr eingeschränkt. »Die freie Verfügung über die eigene Arbeitskraft ist sicherlich eines der wichtigsten Eigentumsrechte, die dem Menschen zustehen.« (Paqué 1994: 29) Der massive Zugriff auf die Einkommen der Bürger durch eine außerordentlich hohe Abgabenlast hat schädliche Folgen für Eigeninitiative und Selbstverantwortung.
- Die Prinzipien von Fairneß und Unparteilichkeit als tragende Elemente von Gerechtigkeit werden vielfach verletzt. Die Trennungslinie zwischen Insidern und Outsidern wird nicht nur im Inland scharf gezogen, sondern auch gerade gegenüber jenen Ländern, die sich aus der Umklammerung von Armut und Unfreiheit lösen wollen. Aus diesen Diskriminierungen entstehen schwerwiegende soziale Spannungen.

- Unzureichende institutionelle Regeln für den Umgang mit Risiken fördern Technikfeindlichkeit, die wiederum die wirtschaftliche Entwicklung beeinträchtigt und dadurch verteilungs- und sozialpolitische Probleme verstärkt.
- Der ordnungspolitische Rahmen trägt den sich verschärfenden Umweltproblemen nicht adäquat Rechnung. Die Entwicklung geeigneter Instrumente und ihre konsequente Anwendung müssen weiter vorangetrieben werden. Hier besteht sonst die Gefahr eines vordergründigen Konfliktes zwischen Umwelt und Marktwirtschaft, der die Akzeptanz marktwirtschaftlicher Regelmechanismen beeinträchtigen kann – mit schädlichen Folgen für die Umwelt und für die Effizienz der Gesamtwirtschaft.

Im folgenden geht es darum, für einige wichtige Problemfelder ethische Konflikte und konsensfähige Handlungsoptionen zu skizzieren,[19] die in den Schwerpunkten »Führung und Motivation«, »Internationale Wettbewerbsordnung«, »Markt und Staat« sowie »Ökologie und Marktwirtschaft« des Forschungsprogramms vertieft werden müssen.

3.1 Mehr Wettbewerb und Chancengerechtigkeit auf dem Arbeitsmarkt

Massenarbeitslosigkeit als ethische Herausforderung

Langzeitarbeitslosigkeit ist eines der wichtigsten ethischen Probleme in unserer Gesellschaft. Sowohl die dauerhafte Massenarbeitslosigkeit als auch die zunehmende Bedeutung von Grauarbeitsverhältnissen zeugen davon, daß die Funktionsfähigkeit des Arbeitsmarktes in starkem Maße eingeschränkt worden ist. Der auf dem Arbeitsmarkt herrschende Korporativismus hat den Wettbewerb weitgehend außer Kraft gesetzt. Auf beiden Seiten des Arbeitsmarktes hat das Recht (Tarif-) Kartelle etabliert und zusätzlich die Möglichkeit geschaffen, daß Außenseiterkonkurrenz durch die Allgemeinverbindlichkeitserklärung der Verhandlungsergebnisse der Tarifpartner vollends ausgeschaltet wird. Mit Blick auf die Verteilungsfrage und vorbei an den marktwirtschaftlichen Funktionszusammenhängen ist der Einkommensaspekt des Lohnes überbetont und der Beschäftigungsaspekt vernachlässigt worden.

Sozialpolitische Interventionen: historisch begründet …

Die Gründe, mit denen gerechtfertigt werden soll, den Wettbewerb auf dem Arbeitsmarkt so stark einzuschränken, mögen im ausgehenden 19. Jahrhundert, als viele dieser Beschränkungen eingeführt wurden, überzeugend gewesen sein. Das Schutzbedürfnis der Arbeitnehmer war damals unstreitig höher als heute, waren doch Kartelle der Arbeitgeber zugelassen, während eine gewerkschaftliche Gegenmacht bekämpft und unterdrückt wurde. Außerdem war die Mobilität der Arbeitnehmer sehr gering, und es fehlte an funktionsfähigen Sicherungssystemen bei Krankheit, Alter und Arbeitslosigkeit. Die in einem solchen Gefüge mögliche soziale Ausgrenzung der Industriearbeiterschaft ist jedoch wohl kaum ein relevantes Phänomen der Gegenwart der Bundesrepublik. Das heute geltende Arbeitsrecht enthält nicht, wie man es früher für die Rechtsordnung generell gefordert hat, ein ethisches Minimum mit viel Freiraum für zusätzliche private Vereinbarungen, sondern ein Übermaß an ethischen Intentionen; es verfehlt im wirtschaftlichen Wirkungsgeflecht seinen Schutzzweck und verliert damit letztlich seine ethische Grundlage (Hanau 1994: 106 f.).

… doch heute vielfach obsolet

Eine große Zahl von institutionellen Änderungen ist erforderlich, um der Arbeitslosigkeit wirksam zu begegnen und die Leistungsfähigkeit des Arbeitsmarktes wieder zu erhöhen.[20] Gefordert sind in erster Linie die Tarifvertragsparteien, mit einer adäquaten Lohnpolitik zu einem höheren Beschäftigungsstand beizutragen. Hier ist nicht der Ort, näher auszuführen, wie beschäftigungserhöhende lohnpolitische Strategien aussehen könnten. Wichtig ist hervorzuheben, daß der derzeitige Ordnungsrahmen die Gewerkschaften und Arbeitgeberverbände nicht unter einen entsprechenden Handlungszwang

Institutioneller Reformbedarf:

stellt. Der Gesetzgeber hat in diesem Zusammenhang die Aufgabe zu prüfen, ob die Grenzen der Tarifautonomie richtig und klar genug gezogen sind. Das heißt aber nicht, mehr oder weniger direkt in Tarifverträge einzugreifen; die Kompetenz des Gesetzgebers, effiziente Detailregelungen hoheitlich vorzugeben, ist in diesem Gebiet nicht größer als in anderen Bereichen des Wirtschaftslebens. Würde der Ordnungsrahmen Außenseiterkonkurrenz stärker ermöglichen, würde schon daraus ein disziplinierender Effekt auf die Tarifvertragsparteien ausgehen.

Weniger kollektiver Zwang, ...

Die Tarifpartner und der Staat müßten sich mehr als sie es bisher gewohnt sind, auf das Setzen eines Rahmens beschränken, innerhalb dessen auf Unternehmensebene konsensfähige Lösungen erarbeitet werden können. Ein größeres Bewußtsein für die langfristige Interessenkongruenz zwischen den Mitarbeitern, den Managern und den Eigentümern der Unternehmen würde die soziale Verträglichkeit der oft sehr schmerzhaften Anpassungsprozesse steigern gegenüber dem überkommenen polarisierenden Denken in Klassen.

... mehr Raum für Lösungen auf Unternehmensebene

In den Unternehmen müssen die Verkrustung und die daraus resultierende Trägheit durchbrochen werden, die mit dazu beigetragen hat, vorhandene Spielräume für eine höhere Arbeitsproduktivität ungenutzt zu lassen. Potentiale zur Erhöhung der Arbeitsproduktivität liegen vor allem in neuen Führungsstrukturen in den Unternehmen und in Mechanismen, die eine Demotivierung von Mitarbeitern vermeiden, und es ihnen ermöglichen, sich mit ihrer Leistungsbereitschaft und ihrem Kreativitätspotential stärker einbringen zu können als bisher. Dies setzt freilich eine fundamentale Abkehr vom zentralistisch-hierarchischen Führungsstil sowie die Einführung einer partizipativen Führungsphilosophie und einer entsprechenden Organisationsstruktur voraus.[21]

Partizipative Führungs- und Organisationsstrukturen

Die Arbeitsmarktprobleme hängen über Anreizeffekte und den grundlegenden Preismechanismus in der Marktwirtschaft (z. B. Sperrklinkeneffekte für die Lohnstruktur und die Arbeitskosten) unmittelbar mit den Regeln der Arbeitslosenversicherung und der Sozialhilfe wie auch mit der Gestaltung der Sozialversicherungssysteme (Krankenversicherung, Rentenversicherung und Pflegeversicherung) zusammen. Diese systemimmanenten Wirkungen müssen bei Reformen in diesem Bereich im Blick behalten werden.

3.2 Subsidiarität und Solidarität in der sozialen Sicherung

Mangelnde Systemkonformität des praktizierten sozialen Ausgleichs

Es bestehen wenig Zweifel daran, daß die Sozialversicherungen gründlich reformiert werden müssen. Eines der zentralen ethischen Probleme der Sicherungssysteme ist, daß sie in ihrer konkreten Ausgestaltung die Menschen zu einer Anspruchshaltung verleiten und einen Abbau von Selbstverantwortung induzieren. Es kommt zu der »Selbstverwirklichung des Egomanen«, der die Versichertengemeinschaft nach allen Regeln der Kunst ausbeutet (Sievert 1994: 83). Das Problem besteht in der mangelnden Systemkonformität des praktizierten sozialen Ausgleichs, die ihrerseits in starkem Maße die Folge eines unzureichenden Verständnisses der Funktionsweise der Marktwirtschaft ist.

Grundlegende Reformen geboten:

Auch und gerade bei starker Gewichtung des Gerechtigkeitszieles kann die heute vorherrschende umfassende Absicherung aller Lebensrisiken, kombiniert mit einer Fülle von Umverteilungsmaßnahmen, wohl kaum begründet werden (Breyer 1994a: 124). In allen vier Sparten der Sozialversicherung (Gesetzliche Krankenversicherung, Gesetzliche Rentenversicherung, Gesetzliche Pflegeversicherung, Arbeitslosenversicherung) sind aus ethischen Gründen – die bestehenden Systeme sind weder ›gerecht‹ noch sind sie effizient – zum Teil tiefgreifende Reformen erforderlich. Ob und inwieweit die Reformen sich auf systemimmanente Korrekturen beschränken können oder ob es grundlegend neuer Konstruktionselemente bedarf, kann hier nicht im einzelnen diskutiert werden.[22]

Freiräume schaffen und richtige Anreize setzen

Doch selbst systemimmanente Reformen lassen sich im politischen Prozeß nur schwer durchsetzen. Dies macht deutlich, wie groß der Kraftakt bei den anstehenden Reformen sein muß: Der Staat muß einen klaren Rechtsrahmen ziehen und eine Anreizstruktur vorgeben, die die jetzt bestehende Begehrlichkeit und Anspruchsmentalität eindämmt. Effizienzerwägungen und auch das grundsätzliche Freiheitsverständnis in unserer Gesellschaft sprechen dafür, der Wahlfreiheit einen größeren Freiraum zu verschaffen. Für die drei Bereiche Alter, Krankheit und Pflegebedürftigkeit der Sozialen Sicherung würde daraus folgen, zwar einen Versicherungszwang vorzuschreiben, nicht jedoch eine Zwangsversicherung.[23]

Beispiel Krankenversicherung

Im Bereich der *Gesetzlichen Krankenversicherung* zum Beispiel sollte statt auf Elemente verstärkter staatlicher Lenkung auf eine ursachenadäquate Therapie gesetzt werden. Es ist sowohl ordnungspolitisch als auch therapeutisch der falsche Weg, wenn versucht wird, mit Budgets, Richtgrößen, Zulassungssperren für Ärzte, staatlichen Honorar- und Preisdiktaten, alles in allem mit einer Verschärfung der bürokratischen und staatlichen Regulierung sowie Reglementierung die Ausgabenentwicklung in den Griff zu bekommen. Eine solche Politik ist kontraproduktiv und mit einer marktwirtschaftlichen Ordnung nicht vereinbar (Oberender 1994: 27f.). Unabdingbar ist die Rückkoppelung auf das Anreizsystem und damit eine Hinwendung zu verstärkter marktlicher Steuerung über Anreize. Nur so kann es gelingen, in diesem Bereich eine freiheitliche Ordnung zu erhalten.

Beispiel Rentenversicherung

Im Bereich der *Gesetzlichen Rentenversicherung* stellt die Aufrechterhaltung des Umlageverfahrens auf dem gegenwärtigen Niveau mit einer Rentenhöhe, die sich am früheren Einkommensniveau des Versicherten orientiert, keine zweckmäßige Lösung dar. Zumindest eine Ergänzung des bislang angewendeten Umlageverfahrens durch kapitalfundierte Elemente kann dazu beitragen, das Gesamtsystem der Alterssicherung in den nächsten Jahrzehnten freiheitlicher, effizienter und gerechter zu gestalten (Breyer 1994b).

3.3 Offene Märkte – Solidarität in der Weltgemeinschaft

Armut in weniger entwikkelten Ländern als ethische Herausforderung

Armut ist, wo auch immer sie auftritt, eine ethische Herausforderung für die Marktwirtschaft. Die gerade in Entwicklungsländern weit verbreitete Armut verletzt das kulturübergreifend akzeptierte ethische Postulat, das menschliche Leben und die Würde des Menschen zu schützen. Trugbilder über die Ursachen der Armut und über die Wirkungsweise des Welthandels verleiten manche Menschen dazu, ein wettbewerbsgelenktes Weltwirtschaftssystem abzulehnen, weil augenscheinlich das freie Spiel der Kräfte gerade die Schwächsten ausbeutet und in existentielle Bedrohung stößt.

Ausbrechen aus der Armutsfalle erfordert marktwirtschaftliche Reformen

Die Armut in den Entwicklungsländern hat viele miteinander verflochtene Ursachen vorwiegend innergesellschaftlicher Art. »Eine der wichtigsten Armutsursachen ist die Existenz institutioneller Rahmenbedingungen, die die Eigeninitiative lähmen und ›schöpferische Zerstörung‹ unter ein soziales Verdikt stellen.« (Sautter 1994:148) »Die Entwicklungsländer müssen die Armut folglich in erster Linie aus eigener Kraft durch institutionelle Reformen bekämpfen, die dem Aufbau einer Marktwirtschaft dienlich sind. Beispiele für solche Maßnahmen sind die Förderung von Rechtssicherheit, eine Agrarreform (Neuordnung des Pachtwesens und ggf. der Eigentumsrechte), Investitionen in die Infrastruktur, eine Reform des Bildungs- und Gesundheitswesens und eine schrittweise Einführung eines Systems der Alterssicherung.«[24] Eine wirtschaftspolitische Strategie zur Förderung eines arbeitsintensiven Wachstums dürfte mit nachhaltigerem Erfolg der Armut entgegenwirken als der Versuch, sie auf direktem Wege über einen umverteilenden und interventionistischen Wohlfahrtsstaat zu bekämpfen (Lal 1994). In vielen Entwicklungs- und Schwellenländern, die früher sozialistischen Ideen oder Modellen des »Dritten Weges« folgten, haben die Regierungen erkannt, daß es im wohlverstandenen Interesse ihrer Bevölkerung liegt, marktwirtschaftliche Reformen durchzuführen. Der

Erfolg gibt ihnen recht, und ihrem Beispiel folgen mittlerweile mehr und mehr Länder.[25]

Hilfe zur Selbsthilfe durch Integration in die internationale Wirtschaftsordnung

Die Überwindung von Armut in Entwicklungsländern ist nicht nur ethisch geboten, sie liegt auch im Interesse der reichen Länder, die direkt oder indirekt unter den Folgen der Armut leiden werden, wenn die Zuwanderungsströme aus den armen Ländern übermäßig anschwellen, der armutsbedingte Raubbau an den natürlichen Ressourcen in den Entwicklungsländern anhält, wenn Epidemien auftreten und nicht erfolgreich bekämpft werden können, wenn sich intranationale und internationale Konflikte verschärfen, die weltweit Unsicherheit auslösen und den Frieden gefährden können. Reiche Länder sollten Hilfe zur Selbsthilfe leisten, also den Entwicklungsländern helfen, Armut aus eigener Kraft zu überwinden. Dies bedeutet in erster Linie, eine internationale Wettbewerbsordnung und eine sie stützende Währungsordnung zu etablieren und ihr durch eine glaubwürdige Handels- und Währungspolitik Geltung zu verschaffen.[26]

Industrieländer unter dem Druck der Globalisierung

Für die reichen Länder hat freilich die seit den achtziger Jahren weltweit verschärfte Konkurrenz um Absatzmärkte und Risikokapital den strukturellen Anpassungsdruck auf ihre eigene Wirtschaft außerordentlich stark erhöht. Dies ist auch darauf zurückzuführen, daß der internationalen Arbeitsteilung mit der stark zunehmenden Globalisierung wirtschaftlicher Aktivitäten eine neue Dimension hinzugefügt worden ist.[27] Angesichts der Globalisierung ist es für die reichen Länder immer schwieriger geworden, weniger wettbewerbsstarke Produktionsfaktoren vor der internationalen Konkurrenz zu schützen. Dieses Problem zeigt sich hauptsächlich bei wenig qualifizierten Arbeitskräften, die sich nun nicht mehr nur einer nationalen, sondern weltweiter Konkurrenz gegenübersehen. Wenn sich weltweit das Arbeitsangebot dramatisch erhöht, und wenn nicht nur im Vergleich zu den Wirtschaften Asiens, sondern auch zu den Reformstaaten in Mittel- und Osteuropa Lohnunterschiede von eins zu zehn und mehr bestehen, so verschlechtert dies nachhaltig die Beschäftigungsaussichten der einfachen Arbeit in den westlichen Industrieländern.

Man hat sich in Deutschland – und in vielen anderen Ländern Westeuropas – dafür entschieden, für einfache Arbeit einen vergleichsweise hohen Lohn zu zahlen und diesen durch Maßnahmen der Handels-, Arbeitsmarkt- und Sozialpolitik abzuschirmen. Dadurch wird freilich die Öffnung der Märkte beeinträchtigt. Hier entsteht ein gravierendes ethisches Dilemma zwischen der Hilfe für Nahestehende und der Hilfe für Fernstehende, zwischen dem Versuch, durch eine Abschottung unserer Märkte Arbeitsplätze bei uns zu erhalten, und dem Eröffnen von Entwicklungschancen für ärmere Länder durch freieren Handel, zwischen der Moral der Kleingruppe mit der Solidarität des Teilens und der universalisierbaren Weltmoral der offenen Märkte.

Die Frage nach der ethischen Priorität und der richtigen Politik wird außerordentlich kontrovers diskutiert. Vieles spricht dafür, daß eine Verstärkung des Protektionismus »das größere Übel« (Giersch 1994a) ist. Jedenfalls ist es nicht zu rechtfertigen, den Entwicklungsländern und Reformstaaten erst jahrzehntelang zu predigen, sie sollten die für eine erfolgreiche ökonomische Entwicklung notwendigen Reformen durchführen und nun, da sie dies endlich getan haben, mit Schlagworten wie Sozial- und Umweltdumping zu fordern, daß sie erst unsere Standards in diesen Bereichen einführen müssen (und damit die entsprechenden Kosten in Kauf zu nehmen haben), bevor wir ihre Produkte abnehmen.

Solidarität in der Weltgemeinschaft erfordert offene Märkte statt Protektionismus!

Auch gilt es zu sehen – und dies ist eines der wichtigsten Ergebnisse des Forschungsschwerpunktes »Internationale Wettbewerbsordnung« –, daß den Regierungen der reichen Länder nur begrenzte politische Optionen offenstehen. Zu glauben, eine Zentrale könne die Handelsströme weltweit steuern, ist abwegig. Auch ist es wegen der vielfältigen Umgehungsmöglichkeiten kaum erfolgversprechend, auf traditionelle oder innovative Protektionsmaßnahmen zu setzen, die überdies den ohnehin erforderlichen Strukturwandel weiter hemmen würden. Auch industriepolitische Eingriffe sind angesichts der unkalkulierbaren Risiken und der kostspieligen

Fehlschläge mit angeblichen Zukunftsindustrien nicht empfehlenswert. Die reichen Länder können sich aus ihrer ethischen Verpflichtung nicht herausreden; ihr wichtigster Beitrag zur Solidarität in der Weltgemeinschaft sind offene Märkte.[28] In der internen Bewältigung der Anpassung führt auf kurze Sicht kein Weg vorbei an mehr Lohnflexibilität und Lohndifferenzierung, um die Beschäftigungschancen für wenig qualifizierte Arbeitskräfte zu verbessern. Eine längerfristige Ursachentherapie muß an den Qualifikationsdefiziten ansetzen.

3.4 Akzeptanz des technischen Fortschritts

Der technische Fortschritt treibt die Entwicklung neuer Produkte und Produktionsverfahren voran und zieht dadurch tiefgreifende Veränderungen der Lebensformen und auch der Lebensinhalte nach sich. Tradierte Wertvorstellungen werden dadurch oft in Frage gestellt; daraus kann Angst resultieren und die Neigung, am Bestehenden festzuhalten und Selbstbescheidung zu üben.

Stillstand ist Rückschritt: technischer Fortschritt als Motor gesellschaftlicher Evolution

Im weltweit verschärften Wettbewerbsprozeß kommt man nicht daran vorbei, den technischen Fortschritt zu nutzen. Selbstbescheidung aus Zufriedenheit mit dem Erreichten oder aus Angst vor dem ungewissen Künftigen mag für einzelne Bürger ein Verhalten sein, das sich durchaus mit individualethischen Prinzipien verträgt. Fragwürdig wird eine solche Haltung freilich, wenn sie zum Postulat für die Gesellschaft insgesamt erhoben wird; dann läuft die Gesellschaft Gefahr, sich aus der Technologieentwicklung auszuklinken. Sie verliert ihre Handlungs- und Reaktionsfähigkeit gegenüber Entwicklungen in anderen Ländern, »die sich einen Dreck darum scheren werden, auf welchem Stand der Entwicklung eine Gesellschaft stehen bleiben will« (Mittelstraß 1994: 198). Vermutlich wird es in einer sich schnell verändernden Welt nicht einmal gelingen, den erreichten Stand gesellschaftlicher Entwicklung zu halten: Stillstand ist Rückschritt. Aus Stillstand resultieren dann aber gravierende verteilungs- und sozialpolitische Probleme. Albach (1994: 186) geht sogar so weit, eine ethische Verpflichtung des Individuums in demokratischen Gesellschaften zu formulieren, auch Risiken, die mit neuen Technologien verbunden sind, auf sich zu nehmen.[29]

Institutionelle Mängel im Risikomanagement …

Allerdings muß die Marktwirtschaft institutionell weiterentwickelt werden, um diese Risiken so weit wie möglich zu reduzieren. Der Markt für technologische Risiken ist nicht effizient organisiert. Ohne die geeignete institutionelle Bewältigung dieses Risikoproblems können sich besonders risikoreiche oder schädliche Technologien länger halten als es aus Effizienzgründen und aus ethischen Überlegungen heraus zu vertreten ist. Eine bessere Internalisierung der Risiken ließe sich über stringentere Haftungsregeln erreichen. »Sanktionsmechanismen werden offenbar nicht schnell genug entwickelt oder wirksam. Versicherungsmärkte für technologische Risiken sind daher als Teil der Sozialen Marktwirtschaft zu schaffen.« (Albach 1994: 188)

… und in der Forschungsorganisation

Institutionelle Mängel bestehen offenbar auch bei der Organisation der Forschung in der Bundesrepublik Deutschland. Die Ausrichtung der Forschung sowie ihre Auswertung und Umsetzung in konkrete Anwendungen ist wenig befriedigend. Die wichtigen Innovationen finden vielfach nicht in den Kernbereichen der Disziplinen statt, sondern eher an deren Rändern und zwischen den einzelnen Disziplinen. Daher ist es dringend erforderlich, die Universitäten und Forschungsinstitute so zu reformieren, daß der Forschungsverbund zwischen diesen Einrichtungen sowie zwischen ihnen und den Forschungslabors der Industrie verstärkt wird.

Vorsicht ist allerdings angebracht gegenüber Empfehlungen für die Industriepolitik wie auch für die Forschungs- und Technologiepolitik, die die gegenwärtige Schwäche der deutschen Wirtschaft und die Probleme auf dem Arbeitsmarkt zu einem großen Teil als Folgen von Fehlentwicklungen innerhalb der

Strategische Industriepolitik keine aussichtsreiche Strategie

deutschen Forschung und einer Spezialisierung der deutschen Industrie auf traditionelle Technologiebereiche sehen. Befürchtet wird, Deutschland könne in eine globale, technologische Abhängigkeit geraten. Damit wird dann die populäre Forderung nach einer strategischen Industriepolitik gestützt, mit der durch eine gezielte Förderung von Schlüsselindustrien eben diese technologische Abhängigkeit bekämpft werden soll. Eine solche strategische Industriepolitik erscheint jedoch weder geboten noch besonders aussichtsreich; Zukunftstechnologien sind kaum zentral-bürokratisch planbar und/oder steuerbar.[30]

3.5 Schutz der Umwelt – Vorsorge für künftige Generationen

Die Notwendigkeit, die Umwelt stärker zu schützen, wird die weitere Entwicklung der Marktwirtschaft erheblich beeinflussen. Hieraus resultiert eine außerordentlich große Herausforderung für die Sozial- und Wirtschaftswissenschaften: Unbestritten ist, daß Umweltschäden (auch) aus Mängeln im marktwirtschaftlichen Anreizsystem resultieren. Die in der öffentlichen Diskussion verbreitete Schlußfolgerung, daß Umweltschutz deshalb nur gegen die Marktmechanismen betrieben werden kann, ist jedoch abwegig. Wie im Bereich der sozialen Sicherung müssen auch hier systemkonforme Lösungen gefunden werden. Dabei obliegt es der Ökonomik, die Opportunitätskosten alternativer Zielformulierungen sowie die Vor- und Nachteile alternativer Instrumente transparent zu machen.[31]

Umweltschutz nicht gegen, sondern mit den Prinzipien des Marktes

Hinsichtlich der Instrumente bieten sich drei idealtypische Konzeptionen an: (1) Instrumente des Ordnungsrechts, (2) sozialer Druck in Form von Öko-Normen und (3) eine marktliche Ausgestaltung von Umweltnutzungsrechten.[32] Umweltpolitik muß sowohl auf die Vorsorge wie auch auf die Gefahrenabwehr zielen. Den marktwirtschaftlichen Instrumenten sollte Vorrang bei der Verwirklichung des Vorsorgeprinzips eingeräumt werden, denn sie ermöglichen es, Umweltziele kostensparend zu erreichen und gleichzeitig individuelle Freiheiten zu bewahren. Allerdings braucht die Umweltverfassung das Regulativ der Gefahrenabwehr; sie ist die Hauptaufgabe des Ordnungsrechts. Hinter dem Interesse der (konkreten) Gefahrenabwehr muß das Interesse an Eigentumsrechten, der individuellen Entfaltung sowie der Kostenbeschränkung zurückstehen. Das Anrecht auf körperliche Unversehrtheit ist ein grundlegendes Freiheitsrecht; um es zu bewahren, ist in der Praxis das Ordnungsrecht unverzichtbar.

Klimaschutz als globales Ordnungsproblem …

Unter allen Umweltproblemen stellt wohl das Klimaproblem gegenwärtig die größte Herausforderung an die Umweltpolitik dar; es ist in seinen Ursachen und in seiner Wirkung von globaler Dimension. Besonders kontrovers ist dabei vor allem die Frage, inwieweit und in welcher Weise der Klimaschutz in die internationale Arbeitsteilung eingebettet werden soll. »Es kann in diesem Zusammenhang nicht überbetont werden, daß eine Auslagerung von Klimaschutzmaßnahmen aus den Industrie- in die Entwicklungsländer moralisch in keiner Weise verwerflich ist. Im Gegenteil: Wo Umweltschutz unabhängig vom Ort der Maßnahme wirkt, muß sich eine moralische Beurteilung der Handlungen einer Nation alleine an der Lastenübernahme, d. h. an ihrem Beitrag zur Finanzierung des Gemeinschaftsziels, orientieren. Darüber hinaus gibt es nur das sittliche Gebot des sparsamen Einsatzes knapper Mittel.« (Mohr 1994: 168)

… und unsere Verantwortung für nachfolgende Generationen

Auch wenn die Größenordnung der vom Menschen ausgelösten Klimaveränderungen und ihrer Konsequenzen auf Natur und Wirtschaft insgesamt recht kontrovers diskutiert werden, besteht ein weitgreifender Konsens unter Klimaforschern, es sei vernünftig und gerechtfertigt, Vorsorge zu treffen, soweit dies zu vertretbaren Kosten möglich ist. Beim Klimaschutz wie auch bei anderen Umweltzielen gilt, daß Märkte nicht in der Lage sind, die Frage nach dem *Wieviel* zu beantworten. Die Frage, wieviel Umweltschutz realisiert werden soll, muß politisch, d. h. im weitgehenden Konsens entschieden werden.[33] »Leider gilt unter Marktbedingungen: Zeit frißt Spätgeborene. Der Markt entläßt uns also nicht aus unserer persönlichen Verantwortung für unser Klima. Die Wahl eines gegenwarts- und zukunftsfähigen Klimaschutzzieles bleibt deshalb insbesondere in der Verantwortung heute lebender Individuen mit gesellschaftlichem Einfluß.« (Mohr 1994:170)

4. Von den Leitlinien zur Umsetzung – Ordnungspolitik zwischen Vision und Einzelinteressen

In jedem Abschnitt des vorigen Kapitels sind spezifische ordnungspolitische Defizite aufgezeigt und Leitlinien für Reformen formuliert worden. Unter Ökonomen besteht ein breiter Konsens darüber, daß durch Maßnahmen entlang der skizzierten Linien die volkswirtschaftliche Effizienz beträchtlich erhöht und damit auch dem ethischen Anspruch der Sozialen Marktwirtschaft besser entsprochen werden könnte. Wie gering aber vermutlich die Chancen sind, daß die politischen Akteure diese Defizite aufgrund von Einsicht und Wollen beheben werden, ist vielfach durch die Behandlung von Vorschlägen deutlich geworden, die aus der praktischen Politikberatung – durch den Sachverständigenrat, verschiedene Enquêtekommissionen, die Deregulierungskommission, die Monopolkommission, die Forschungsinstitute – eingebracht worden sind. Die Vorstellung einer im Gemeinwohl handelnden Regierung und Verwaltung ist nicht geeignet, die ordnungspolitischen Halbherzigkeiten der politischen Entscheidungen zu erklären. Vielmehr erscheint es notwendig, die politischen Akteure als (rationale) Maximierer des eigenen Nutzens zu begreifen und neben im engeren Sinne ökonomischen Argumenten auch den politisch-administrativen Entscheidungsprozeß und dessen institutionelle Struktur in die Erklärung einzubeziehen.[34]

Ordnungspolitische Reformen moralisch geboten: mehr Effizienz und besserer sozialer Ausgleich

Die ökonomische Demokratietheorie liefert plausible Er-

Sonderinteressen als Sperrklinke für Reformen

klärungen für die Schwierigkeit der Politik, selbst als notwendig erkannte Reformen in Angriff zu nehmen. Der Prozeß der politischen Willensbildung läßt viel Raum für die Einflußnahme von organisierten Sonderinteressen und begünstigt das Wuchern gruppenspezifischer Privilegien. Das politische Gewicht der Interessengruppen wird zur Sperrklinke für Reformen. Die Politiker stehen vor folgendem Dilemma: Zwar gehen von den Reformen wünschenswerte Entlastungs- und Flexibilisierungseffekte aus; diese sind aber breit gestreut, treten erst in der Zukunft ein und/oder sind erst das Endergebnis eines komplexen Prozesses im marktwirtschaftlichen Wirkungsgefüge. Deshalb sind sie nicht gleichermaßen politisch auffällig wie das Gewähren von Privilegien und deren Entzug. Da in der Öffentlichkeit vielfältige Trugbilder über den marktwirtschaftlichen Wirkungsmechanismus bestehen, fällt es den mächtigen Interessengruppen leicht, die Verteidigung von (faktischen) Privilegien unter dem Deckmantel des Gemeinwohls einzufordern. Die Verteidigung der Interessengruppen ist dadurch um ein Vielfaches wirksamer als der sich auf die ökonomischen Notwendigkeiten gründende Widerspruch von Experten.

Reformdruck durch ›Abwanderung‹ …

Von zwei Formen der »Abwanderung« kann freilich Reformdruck ausgehen – von der Abwanderung wirtschaftlicher Aktivität in die Schattenwirtschaft zum einen und zum anderen in das Ausland. Die Bedeutung beider Abwanderungsphänomene für die Durchsetzbarkeit von ordnungspolitischen Reformen besteht weniger darin, daß Einsicht in sachliche Notwendigkeiten gefördert wird. »Es ist in erster Linie der Druck leerer Kassen, welcher Politik und Interessenverbände zu widerwilliger Korrektur nötigt.« (Streit 1994: 212) Beide Abwanderungsbewegungen haben vielmehr herbe Konsequenzen für die Wirtschafts- und Gesellschaftspolitik: Im ersten Fall ergeben sich finanzielle Einbußen für den Staat und die Sozialversicherungsträger, im zweiten besteht zusätzlich die Gefahr von erheblichen Arbeitsplatzverlusten.

In beiden Fällen sucht die Politik ihr Heil (noch) in erster

Linie in defensiven Reaktionen, in einer intensiveren Überwachung und in verstärkten protektionistischen Maßnahmen. Die politisch bevorzugte Kompensation von Anpassungs- und Entwicklungsschwächen wird in Zeiten leerer Kassen jedoch immer schwieriger. Dies ist die Zeit, in der »Widerspruch« mit größerer Aussicht auf Erfolg auf Reformen gelenkt und als Instrument politischen Machtgewinns genutzt werden kann.[35] Der Rückbesinnung auf marktwirtschaftliche Grundsätze könnte mithin sehr förderlich sein, was üblicherweise eher beklagt als freudig begrüßt wird, nämlich die Krise der öffentlichen Finanzen.

... und durch ›leere Kassen‹

Wie kein anderes Mittel vermag sie es, die Politiker dazu zu bringen, ihr Heil nicht mehr darin zu sehen, die ökonomischen Sachzwänge zu überspielen. So wie volle Kassen ›sinnlich‹ machen und dazu verleiten, das Geld der Steuerzahler leichtfertig auszugeben, erleichtern es leere Kassen, Mehrheiten für eine Politik zu finden, die darauf zielt, eine ordnungspolitische Flurbereinigung durchzuführen. Insofern ist die nachhaltige Krise der öffentlichen Finanzen eine große Chance (Soltwedel 1994: 42). Sie sollte auch dazu genutzt werden, Regeln zu implementieren, die es verwehren, das staatliche Füllhorn erneut als Instrument der Politik zu benutzen, wenn die Krise vorüber ist.

Die Krise als Chance zur Rückbesinnung auf marktwirtschaftliche Grundsätze

Das von den drei Stiftungen initiierte und finanzierte Forschungsprogramm »Weiterentwicklung und Perspektiven der Sozialen Marktwirtschaft« versteht sich als Beitrag dazu, das marktwirtschaftliche Wirkungsgefüge transparenter zu machen, und als eine Stimme im Widerspruch gegen den Einfluß von Einzelinteressen auf die Politik. Eingeklagt wird Ordnungspolitik als permanente Gestaltungsaufgabe. Angesichts der Fülle und des Ausmaßes der bestehenden Probleme und der geballten Herausforderungen, die die Soziale Marktwirtschaft zu meistern hat, mag es nahe liegen zu verzagen. Aber gerade in schwierigen Zeiten kann die Marktwirtschaft ihre Vorzüge beweisen; sie ist besser als jede andere Wirtschafts-

Ordnungspolitik als permanente Gestaltungsaufgabe

ordnung geeignet, wirkungsvolle und menschengerechte Lösungen aufzuzeigen. Auch darauf geht ihr hoher ethischer Wert als Ordnungssystem zurück. Es ist jetzt die Zeit, in der sich politische Führungsqualität zu bewähren hat, um den Optimismus zu vermitteln, der in dem Erhardschen »an die eigene Kraft glauben« zum Ausdruck kommt.

5. Zusammenfassung

Wirtschaftlicher Erfolg und moralische Akzeptanz der Wirtschafts- und Gesellschaftsordnung spielen für deren Stabilität und evolutorische Effizienz eine herausragend wichtige Rolle. Der Sozialismus hat beides, Erfolg und Akzeptanz, nicht bewirken können. Demgegenüber hat die Marktwirtschaft unbestreitbar wirtschaftlichen Erfolg. Gleichwohl fällt es vielen schwer, sich mit dem marktwirtschaftlichen System zu identifizieren, wirklicher moralischer Respekt bleibt ihm häufig versagt.

Dennoch: Freiheit, Ordnung und Moral stehen gerade in der Marktwirtschaft in einem engen, unauflösbaren Zusammenhang. Dies deutlich zu machen, ist eines der wichtigsten Anliegen des Schwerpunktes »Ethik und Markt« im Rahmen des Forschungsprogramms »Weiterentwicklung und Perspektiven der Sozialen Marktwirtschaft«.

Normen und Koordination des Handelns in modernen Gesellschaften

Individuelles moralisches Bewußtsein bildet die Voraussetzung für eine Entwicklung von Moral und Sittlichkeit in einer modernen Welt. In einer pluralistischen Welt kann es aber nicht das alleinige und nicht einmal das grundlegende Steuerungselement sein. Es bedarf vielmehr einer Koordination über allgemeine Regeln und Institutionen. Diese Rahmenordnung muß davon ausgehen, daß die Menschen sich rational verhalten, d. h. systematisch auf die von dem Regelwerk ausgehenden Anreize reagieren. Die Regeln sind daher immer wieder daraufhin zu prüfen, ob von ihnen die richtigen Signale ausgehen, um das individuelle Handeln in eine gesellschaftsverträgliche Richtung zu lenken. Wenn die Regeln dies nicht tun, müssen sie angepaßt werden. Nicht das individuelle Wohl-Wollen, die Gesinnung allein, bewirkt mehr oder weniger moralisches Verhalten, sondern dieses Verhalten wird mitbestimmt durch das in den Rahmenbedingungen enthaltene Anreizsystem.

Diskurs und Akzeptanz

Auch und gerade in einer pluralistischen Gesellschaft bedarf das Zusammenleben der Menschen stabiler Regeln, die von der großen Mehrheit der Bevölkerung akzeptiert werden. Viele der marktwirtschaftlichen Prozesse, vor allem die Dominanz des Wettbewerbsprinzips, stoßen bei vielen Menschen auf Kritik. Ihnen ist oft eine moralische Position fremd, die nicht auf der ausdrücklichen Absicht beruht, das Gute zu tun, sondern auf Eigeninteresse aufbaut und die Moral in erster Linie durch eine angemessene Gestaltung des Ordnungsrahmens zu verwirklichen sucht. Dies widerspricht der moralischen Intuition, die oft von der Solidaritätsmoral der Kleingruppe geprägt ist. Aufklärung über die Funktionsbedingungen des marktwirtschaftlichen Systems gehört deshalb zur Bringschuld seiner Befürworter. Mehr Transparenz über die Rückkoppelungen im interdependenten Wirkungsgefüge, die für die Langzeitwirkungen entscheidend sind, mag die Einsicht erhöhen, daß Privateigentum vielfach sozialer ist als Gemeineigentum, daß Wettbewerb solidarischer ist als Teilen, daß langfristige Gewinnmaximierung der Unternehmen dem Wohl der Konsumenten dient, daß der Wohlstand aller nicht vom Wohlwollen der einzelnen abhängt, daß Marktwirtschaft letztlich – auch und in erster Linie – eine soziale Veranstaltung ist. Es sind also gerade jene Elemente des Ordnungssystems, die moralsensiblen Menschen große Schwierigkeiten bereiten, die moralisch so bedeutsame Wirkungen haben.

Wettbewerb und die Offenheit des Systems

Der Wettbewerbsprozeß sorgt für eine effiziente Verwendung der Ressourcen, ist Triebkraft der wirtschaftlichen Entwicklung und bietet Schutz vor Willkür und Ausbeutung; er eröffnet Chancen für jene, die aus eigener Kraft und in eigener Verantwortung ihr Leben gestalten wollen. Daher ist der Wettbewerbsprozeß in seiner Wirkung von hoher moralischer Qualität. Seine positiven Wirkungen kann er allerdings nur in einem offenen System entfalten, wenn also der Zugang für neue Anbieter von Gütern, Diensten und Ideen nicht versperrt ist und wenn der Preismechanismus das Handeln der Menschen im Markt koordiniert.

Das soziale Element im Ordnungssystem

Die Marktwirtschaft braucht Vorkehrungen gegen unverschuldetes Elend. Soziale Sicherung und sozialer Ausgleich sind ein wesentliches konstitutives Element des Ordnungssystems. Ohne sie wäre die moralische Akzeptanz und die hohe Effizienz der marktwirtschaftlichen Prozesse kaum zu erwarten. Die entscheidende Frage ist deshalb nicht die nach einem grundsätzlichen »Ja« oder »Nein« zur Sozialpolitik, sondern die Frage danach, ab welchem Punkt die Einführung weiterer sozialpolitischer Maßnahmen aufgrund ihrer Anreizwirkungen und der Eingriffe in Freiheitsrechte zu ›teuer‹ werden. Unabhängig von den Zielen, die im einzelnen mit sozialpolitischen Maßnahmen verfolgt werden, muß allgemein gelten, daß die Maßnahmen dem Prinzip der Wirtschaftlichkeit unterliegen, also eine effiziente Ziel-Mittel-Relation gewählt wird.

Leitbild »Soziale Marktwirtschaft« – Korrektur- und Gestaltungsbedarf

In der wirtschaftlichen Realität und der wirtschaftspolitischen Praxis bestehen gravierende ethische Defizite:

- Die Freiheitsrechte vieler Menschen sind erheblich eingeschränkt durch Arbeitslosigkeit und eine außerordentlich hohe Abgabenlast.
- Die Prinzipien von Fairneß und Gleichbehandlung als tragende Elemente von Gerechtigkeit sind für große Gruppen verletzt, innerhalb unserer Gesellschaft, aber auch gegenüber Gesellschaften, die sich aus Armut und Unfreiheit befreien wollen.
- Der Ordnungsrahmen ist unzureichend in bezug auf neue Technologien und neue Knappheiten, insbesondere auf das knappe Gut Umwelt.

Es gibt mithin außerordentlich großen ordnungspolitischen Handlungsbedarf:

- für mehr Wettbewerb und Chancengerechtigkeit auf dem Arbeitsmarkt,

- für mehr Subsidiarität und Solidarität in der sozialen Sicherung,
- für offene Märkte als praktizierte Solidarität in der Weltgemeinschaft,
- für eine höhere Akzeptanz des technischen Fortschritts und
- für einen besseren Schutz der Umwelt zur Vorsorge für künftige Generationen.

Von den Leitlinien zur Umsetzung – Ordnungspolitik zwischen Vision und Einzelinteressen

Die politischen Entscheidungen sind gekennzeichnet von ordnungspolitischen Halbherzigkeiten. Das politische Gewicht von organisierten Interessengruppen wird zur Sperrklinke für notwendige Reformen. Wie kein anderes Mittel vermag jedoch das Bewußtsein der Öffentlichkeit um die Krise der öffentlichen Finanzen (und die gefährdete internationale Wettbewerbsfähigkeit deutscher Unternehmen), den Politikern aus ihrem Dilemma gegenüber den Interessengruppen herauszuhelfen: In der Krise kann es sich politisch auszahlen, sich als Verfechter der ethisch gebotenen ordnungspolitischen Erneuerung und Weiterentwicklung zu profilieren. Der Wissenschaft – und auch diesem Forschungsprogramm »Weiterentwicklung und Perspektiven der Sozialen Marktwirtschaft« – obliegt es, die Transparenz der marktwirtschaftlichen Zusammenhänge zu erhöhen. Führungsqualität zu zeigen, bleibt allerdings die Aufgabe der Politik, und es ist jetzt die Zeit, in der sie sich zu bewähren hat.

Anhang

Quellenverzeichnis

1 Siehe etwa Röpke (1979).
2 Zur Konzeption des Forschungsprogramms vgl. Bertelsmann Stiftung (1993).
3 Die beiden Veranstaltungen sind dokumentiert in Siebert (1994b) und Bertelsmann Stiftung/Heinz Nixdorf Stiftung/Ludwig-Erhard-Stiftung (1994).
4 Vgl. zum folgenden z. B. Giersch (1994a: 30f.; 1994b).
5 Vgl. z. B. Homann/Pies (1994a und b).
6 Mises (1926: 614) hat es auf die radikale Formel gebracht: »Wenn menschliche Satzung sich als zweckwidrig erweist, muß sie geändert werden; niemand kann es daher in der Erörterung der Zweckmäßigkeit einer Politik als Argument gelten lassen, daß sie gesetz-, rechts- oder verfassungswidrig sei«. Freilich sind Überzeugen und Akzeptanz Voraussetzung für derartig gravierende Änderungen (vgl. 2.2).
7 Vgl. zum folgenden Brunner/Meckling (1986: 24 ff.).
8 Zur ökonomischen Analyse der Selbstlosigkeit vgl. z. B. Stark (1995).
9 Vgl. hierzu z. B. Siebert (1994a), Walter (1994), Sievert (1994) und Homann/Pies (1994b: 97ff.). Wie komplex die Zusammenhänge sind, macht folgendes Zitat von Sievert (1994: 81 f.) deutlich: »Es kommt nicht in Betracht, die Marktwirtschaft ethisch allein und abschließend über die Moral ihrer ›Performance‹ zu rechtfertigen. Die Einübung in der Marktwirtschaft hat Rückwirkungen auf die individuelle Moral der Menschen, nicht geringe positive, aber auch negative. […] Man rede sich nicht darauf hinaus, daß der einzelne frei bleibe, sich im Tauschprozeß so moralisch zu verhalten, wie seine Werthaltung es ihm gebietet, diese Werthaltung jedenfalls im übrigen unberührt bleibe. Die ›Einübung in der Tauschwirtschaft‹ ist so prägend wie die ›Einübung im Christentum‹, wahrscheinlich stärker«. Freilich schreibt Sievert kurz darauf: »Es ist

keineswegs zwingend, daß die Marktwirtschaft Gemeinsinn nicht in genügendem Maße hervorbringt, genauer, einübt« (83); sie stehe um so eher in der Gefahr, es nicht zu tun, wenn die Institutionen – in seinem Beispiel die Sozialversicherungen – falsche Anreize setzen.

10 Vgl. hierzu z. B. Etzioni (1988).

11 Bei der systematischen Analyse des Entscheidungsprozesses wird nicht nur von der Ökonomie, sondern zunehmend auch in anderen sozialwissenschaftlichen Disziplinen von einer konsistenten Präferenzordnung des rationalen, eigeninteressierten Menschen ausgegangen. Vgl. z. B. Suchanek (1994), Müller-Groeling (1965).

12 Watrin (1988: 151) weist darauf hin, daß die Soziale Marktwirtschaft kein Entwurf ist, der eine Gesamtantwort auf alle Fragen der menschlichen Existenz geben will. Sie zielt vielmehr darauf, einen Mechanismus zur Regelung von konkreten Wert- und Interessenkonflikten zu entwickeln, will die friedliche Koexistenz bei bestehenden Interessengegensätzen ermöglichen. Um zu erreichen, daß die ethisch wünschenswerten Wirkungen der Marktwirtschaft möglich werden, bedarf es nicht, wie Schlecht (1988 und 1990) bemerkt, des »moralischen Übermenschen« – sie funktioniert mit eben diesen Menschen, wie sie die Erde seit dem Sündenfall bevölkern, Menschen mit einer durchschnittlichen Moral, die nicht erst zu ›besseren‹ Menschen umerzogen werden müssen. Freilich geht dies nicht ohne das Einbinden des Verhaltens in eine strenge Rahmenordnung, in der insbesondere der Wettbewerb seine disziplinierende Kraft entfalten kann. »Aus zweitbesten Motiven zweitbester Menschen macht der Wettbewerb tadellose Leistungen« (Giersch 1994b).

13 »Gegenüber moralsensiblen Menschen, die nicht schon liberale Insider sind, muß die moralische Qualität der Marktwirtschaft erst begründet werden. Es fehlt die breite Plausibilisierung der These, daß die Marktwirtschaft das beste bisher bekannte Instrument zur Verwirklichung der Solidarität aller darstellt« (Homann, 1994: 74).

14 Für Ludwig Erhard gehören »Wohlstand für alle« und »Wohlstand durch Wettbewerb« untrennbar zusammen: »Auf dem Wege des Wettbewerbs wird – im besten Sinne des Wortes – eine Sozialisierung des Fortschritts und des Gewinns bewirkt und dazu noch das persönliche Leistungsstreben wachgehalten« (Erhard 1957: 8 f.).

15 Schlecht (1988: 14).

16 Jasay (1994: 93) geht sogar so weit, von einer »moralischen Geschmacksfrage« zu sprechen, über die nicht mehr gestritten werden könne.

17 »Marktwirtschaftlich orientierte Ökonomen sind auch deshalb keineswegs kalte Zyniker, die nur Preise und Geld im Kopf haben statt ›wirk-

licher ethischer Werte‹, sondern sie sind eigentlich besonders penetrante Moralisten, und zwar Moralisten der Unparteilichkeit oder Chancengleichheit zwischen Insidern und Outsidern« (Paqué 1994: 30).

18 Vgl. hierzu z. B. die Kontroverse zwischen Barry (1994) und Jasay (1994) über die gesellschaftliche Sicherung eines Mindesteinkommens.

19 Wie schon auf der Konferenz in Gütersloh kann es sich nur um einen Ausschnitt aus den wichtigen Problembereichen handeln: Vieles muß außer Acht bleiben, was ebenfalls eine sehr bedeutende ethische Dimension und erhebliche Relevanz für die Weiterentwicklung der Sozialen Marktwirtschaft besitzt: beispielsweise die Wohnungsnot, die wirtschaftliche und soziale Integration von Ausländern oder innerstädtische Probleme – alles Elemente, die als gelebte Realität bei vielen Menschen zu einem kritischen Urteil über die Soziale Marktwirtschaft beitragen.

20 Hierzu werden konkrete Leitlinien im Forschungsschwerpunkt »Markt und Staat« zu erarbeiten sein.

21 Mit diesen Fragen befaßt sich der Forschungsschwerpunkt »Führung und Motivation«; vgl. hierzu Bickenbach/Soltwedel (1996).

22 Dies wird im Kontext des Forschungsschwerpunktes »Markt und Staat« ausführlich getan.

23 Vgl. zu entsprechenden Reformüberlegungen z. B. auch Vaubel (1990 und 1983) sowie Müller-Groeling (1983: 193ff.).

24 Sautter 1994: 151; ähnlich auch Dasgupta 1994: 205ff.

25 Es ist nicht verwegen zu behaupten, daß gegenwärtig gerade die Entwicklungsländer, die vorher eine ausgesprochen protektionistische Politik betrieben haben, nunmehr der Freiheit des Welthandels das Wort reden (vgl. dazu z. B. Henderson 1991).

26 »Die Ordnung sollte allen Beteiligten nützen. Das bedeutet, daß sie offen sein muß für alle, die die Regeln beachten wollen, und auch für Austritte, und daß sie keinem Land oder Individuum einen Schaden zufügen darf, das sich nicht den Ordnungsprinzipien anzuschließen wünscht. Sie muß zudem auf freie Märkte abzielen, ohne künstliche Handels-, Kapitalverkehrs- oder Wanderungshemmnisse und ohne künstliche Förderung von Handel, Kapitalverkehr oder sonstigen Faktorwanderungen. Und sie sollte nicht einer jederzeitigen Politisierung ausgesetzt sein; sie sollte nicht kurzfristig-mehrheitsorientiert, sondern langfristig-besonnen angelegt sein« (Glismann 1986: 400).

27 Vgl. zu diesem Aspekt die ausführliche Studie von Gundlach/Agarwal/Nunnenkamp (1994), die im Rahmen des Forschungsschwerpunktes »Internationale Wettbewerbsordnung« erstellt worden ist, sowie Gundlach u. a. (1995).

28 Vgl. hierzu auch den Abschlußbericht zu dem Forschungsschwerpunkt

»Internationale Wettbewerbsordnung« Gundlach u. a. (1995) und Siebert (1995).

29 Für die Akzeptanz des technischen Fortschritts sind Vorschul- und Schulerziehung bedeutsam: Die technische und ökonomische »Kultur« sollte gleichsam bis in die Vorschule hinein stärker in den gesellschaftlichen Diskurs eingebunden werden. Auch ist es erforderlich, mit jenen Vertretern der geisteswissenschaftlichen Kultur in einen vertieften Diskurs einzutreten, die – oft aus vermeintlich ethischen Motiven – eher zu einer Blockade gegen technischen Fortschritt neigen. Sehr oft sind diese dieselben »moralsensiblen« Menschen, die auch große Vorbehalte gegenüber wettbewerbsgelenkter Wirtschaft haben.

30 Zu dieser Position vgl. die ausführliche Analyse in Klodt/Stehn u. a. (1994: vor allem Kapitel 2) sowie Klodt (1995) und Gundlach u. a. (1995).

31 Dies wird im Kontext des Forschungsschwerpunktes »Ökologie und Marktwirtschaft« getan.

32 Vgl. zum folgenden die Ausführungen von Mohr (1994, 163ff.).

33 »Ein zweifelsfrei bestimmbares Immissionsniveau bei den verschiedenen Umweltmedien gibt es ebensowenig wie ein wissenschaftlich begründbares Niveau an Umverteilung« (Streit 1994: 209).

34 Vgl. hierzu Streit (1994: 210ff.) und Bernholz (1995).

35 Bernholz (1995: 27) hebt hervor, daß es trotz großer polit-ökonomischer Widerstände gegen den Abbau von ordnungspolitisch unerwünschten Staatseingriffen einige direkte und indirekte Strategien gibt, die zu einer Verminderung der Widerstände führen können und damit in gewissen Fällen und in Krisenzeiten Erfolg versprechen. »Allerdings ist das nur dann der Fall, wenn die richtigen Ideen zur richtigen Zeit vorliegen und sich gegen mehr oder weniger utopische Ideologien durchzusetzen vermögen. Hier liegt zweifelsohne eine wichtige Aufgabe der Wissenschaft und der Popularisierung ihrer relevanten Ergebnisse.«

Literaturverzeichnis

Albach, Horst (1994): Technologie und Zukunft, in: *Bertelsmann Stiftung/Heinz Nixdorf Stiftung/Ludwig-Erhard-Stiftung* (1994), 183–193.

Barry, Brian (1994): Justice, Freedom and Basic Income, in: *Siebert* (1994b), 61–89.

Bernholz, Peter (1995): Die politische Ökonomie der Deregulierung, der Privatisierung und des Subventionsabbaus. mimeo (Expertise für den Forschungsschwerpunkt »Markt und Staat«).

Bertelsmann Stiftung (Hrsg.) (1993): Weiterentwicklung und Perspektiven der Sozialen Marktwirtschaft – Umrisse eines Forschungsprogramms. Gütersloh.

Bertelsmann Stiftung/Heinz Nixdorf Stiftung/Ludwig-Erhard-Stiftung (Hrsg.) (1994): Markt mit Moral – Das ethische Fundament der Sozialen Marktwirtschaft. Beiträge einer Fachkonferenz. Gütersloh.

Bertelsmann Stiftung/Heinz Nixdorf Stiftung/Ludwig-Erhard-Stiftung (Hrsg.) (1996): Auf den Menschen kommt es an – Führung und Motivation im Unternehmen. Eine empirische Studie im Dialog mit der Praxis. Gütersloh.

Bickenbach, Frank/*Soltwedel*, Rüdiger (1994): Das ethische Fundament der Sozialen Marktwirtschaft. Kieler Arbeitspapiere 612. Kiel.

Bickenbach, Frank/*Soltwedel*, Rüdiger (1996): Freiräume schaffen – Motivation stärken – Potentiale fördern: Bausteine partizipativer Führung und Unternehmensorganisation. Abschlußbericht zum Schwerpunkt »Führung und Motivation«. Bertelsmann Stiftung/Heinz Nixdorf Stiftung/Ludwig-Erhard-Stiftung (Hrsg.). Gütersloh.

Bickenbach, Frank/*Soltwedel*, Rüdiger (1996a): Trends in Unternehmensführung und Unternehmensorganisation – Ergebnisse einer Führungskräftebefragung, in: *Bertelsmann Stiftung/Heinz Nixdorf Stiftung/Ludwig-Erhard-Stiftung* (1996), 15–98.

Breyer, Friedrich (1994a): Soziale Sicherung und Subsidiarität, in: *Bertelsmann Stiftung/Heinz Nixdorf Stiftung/Ludwig-Erhard-Stiftung* (1994), 118–125.

Breyer, Friedrich (1994b): Leitlinien für eine Systemkorrektur in der Rentenversicherung, mimeo (Expertise für den Forschungsschwerpunkt »Markt und Staat«).

Brunner, Karl/*Meckling*, William H. (1986): Menschenbild und Staatsverständnis, in: *Vaubel*, Roland/*Barbier*, Hans D. (Hrsg.): Handbuch Marktwirtschaft. Pfullingen, 23–33.

Dasgupta, Partha (1994): Ethics, Future Generations and the Market, in: *Siebert* (1994b), 179–216.

Erhard, Ludwig (1957): Der rote Faden, in: *Erhard*, Ludwig: Wohlstand für alle. Bonn.

Etzioni, Amitai (1988): The Moral Dimension – Toward a New Economics. New York.

Giersch, Herbert (1994a): Das größere Übel, in: Wirtschaftswoche, Nr. 33 vom 12. August 1994, 30 f.

Giersch, Herbert (1994b): Die Moral als Standortfaktor, in: Frankfurter Allgemeine Zeitung, vom 31. Dezember 1994, 13.

Giersch, Herbert (1995): Wettbewerb diszipliniert, in: Wirtschaftswoche, Nr. 14 vom 27. Juli 1995, 22 f.

Glismann, Hans-Hinrich (1986): Beiträge für eine neue Weltwirtschaftsordnung, in: *Vaubel*, Roland/*Barbier*, Hans D. (Hrsg.): Handbuch Marktwirtschaft. Pfullingen, 400–406.

Gundlach, Erich/*Agarwal*, Jamuna P./*Nunnenkamp*, Peter (1994): Globalisation of Production and Markets. Kieler Studie 262. Institut für Weltwirtschaft. Kiel.

Gundlach, Erich/*Klodt*, Henning/*Langhammer*, Rolf J./*Soltwedel*, Rüdiger (1995): Fairneß im Standortwettbewerb? Auf dem Weg zur internationalen Ordnungspolitik. Kieler Diskussionsbeiträge 254. Kiel.

Hanau, Peter (1994): Arbeitsmarkt und die Zukunft der Arbeit, in: *Bertelsmann Stiftung/Heinz Nixdorf Stiftung/Ludwig-Erhard-Stiftung* (1994), 106–113.

Hayek, Friedrich A. von (1968): Der Wettbewerb als Entdeckungsverfahren. Kieler Vorträge Nr. 56, Kiel.

Hayek, Friedrich A. von (1976): Law, Legislation and Liberty. Vol. 2. Chicago.

Henderson, David (1991): The World Trading System, in: *Llewellyn*, John (ed.): Economic Policies for the 1990s. Oxford.

Homann, Karl (1994): Das ethische Fundament der Sozialen Marktwirtschaft. Stellungnahme aus der Sicht der Wirtschaftsethik, in: *Bertelsmann Stiftung/Heinz Nixdorf Stiftung/Ludwig-Erhard-Stiftung* (1994), 73–79.

Homann, Karl (1995): Gewinnmaximierung und Kooperation – eine ordnungsethische Reflexion. Kieler Arbeitspapier Nr. 689. Institut für Weltwirtschaft. Kiel.

Homann, Karl/*Pies*, Ingo (1994a): Wirtschaftsethik in der Moderne: Zur ökonomischen Theorie der Moral, in: Ethik und Sozialwissenschaften, Nr. 5, 3–12.

Homann, Karl/*Pies*, Ingo (1994b): Replik. Wie ist Wirtschaftsethik als Wissenschaft möglich? Zur Theoriestrategie einer modernen Wirtschaftsethik, in: Ethik und Sozialwissenschaften, Nr. 5, 94–108.

Jasay, Anthony de (1994): Comment on: Brian Barry, Justice, Freedom, and Basic Income, in: *Siebert* (1994b), 90–100.

Klodt, Henning (1995): Grundlagen der Forschungs- und Technologiepolitik. WiSo-Kurzlehrbücher. München.

Klodt, Henning/*Stehn*, Jürgen u. a. (1994). Standort Deutsch-

land: Strukturelle Herausforderungen im neuen Europa. Kieler Studie 265. Institut für Weltwirtschaft. Kiel.
Lal, Deepak (1994): Poverty and Development, in: *Siebert* (1994b), 147–173.
Mises, Ludwig von (1926): Interventionismus, in: Archiv für Sozialwissenschaft und Sozialpolitik 56, 610–653.
Mises, Ludwig von (1949): Human Action. Genf.
Mittelstraß, Jürgen (1994): Technologien und Zukunft, in: *Bertelsmann Stiftung/Heinz Nixdorf Stiftung/Ludwig-Erhard-Stiftung* (1994), 194–199.
Mohr, Ernst (1994): Klima und Umwelt, in: *Bertelsmann Stiftung/Heinz Nixdorf Stiftung/Ludwig-Erhard-Stiftung* (1994), 163–172.
Müller-Groeling, Hubertus (1965): Maximierung des sozialen Gesamtnutzens und Einkommensgleichheit. Köln.
Müller-Groeling, Hubertus (1983): Comment on Vaubel, in: *Giersch*, Herbert (ed.): Reassessing the Role of Government in Mixed Economies. Symposium 1982. Tübingen, 191–197.
Müller-Groeling, Hubertus (1994): Gesprächsbeitrag, in: *Körber-Stiftung* (Hrsg.): Zukunftsfähigkeit von Politik, Wirtschaft und Gesellschaft, Protokoll Nr. 102. Bergedorfer Gesprächskreis am 18./19. Juni 1994. Hamburg.
Oberender, Peter (1994): Leitlinien für eine Systemkorrektur in der Krankenversicherung, mimeo (Expertise im Forschungsschwerpunkt »Markt und Staat«).
Paqué, Karl-Heinz (1994): Marktwirtschaft und Sozialethik – einige einfache Überlegungen, in: *Bertelsmann Stiftung/Heinz Nixdorf Stiftung/Ludwig-Erhard-Stiftung* (1994), 26–34.
Rawls, John (1992): Die Idee des politischen Liberalismus: Aufsätze 1978–1989. Wilfried Hinsch (Hrsg.). Frankfurt am Main.
Röpke, Wilhelm (1979): Jenseits von Angebot und Nachfrage. 5. Auflage. Bern.
Sautter, Hermann (1994): Armut und Migration, in: *Bertels-*

mann Stiftung/Heinz Nixdorf Stiftung/Ludwig-Erhard-Stiftung (1994), 147–154.
Schlecht, Otto (1988): Der ethische Gehalt der Sozialen Marktwirtschaft, in: *Ludwig-Erhard-Stiftung* (Hrsg.): Die Ethik der Sozialen Marktwirtschaft: Thesen und Anfragen. Ein Symposium der Ludwig-Erhard-Stiftung, Bonn am 21. Oktober 1987. Stuttgart, 5–23.
Schlecht, Otto (1990): Grundlagen und Perspektiven der Sozialen Marktwirtschaft. Tübingen.
Siebert, Horst (1994a): Zwischen Freiheit und Gleichheit – zu den konträren Zielkomplexen bei der Gestaltung einer Wirtschaftsordnung, in: *Bertelsmann Stiftung/Heinz Nixdorf Stiftung/Ludwig-Erhard-Stiftung* (1994), 17–25.
Siebert, Horst (1994b): The Ethical Foundations of the Market Economy. International Workshop. Tübingen.
Siebert, Horst (1995): Ein Regelwerk für eine zusammenwachsende Welt. Kieler Diskussionsbeiträge 251. Kiel.
Sievert, Olaf (1994): Das ethische Fundament der Sozialen Marktwirtschaft. Stellungnahme aus der Sicht der Wirtschaftspolitik, in: *Bertelsmann Stiftung/Heinz Nixdorf Stiftung/Ludwig-Erhard-Stiftung* (1994), 80–85.
Soltwedel, Rüdiger (1994): Normen und Institutionen – Von der Sozialphilosophie zur praktischen Ethik, in: *Bertelsmann Stiftung/Heinz Nixdorf Stiftung/Ludwig-Erhard-Stiftung* (1994), 35–43.
Stark, Oded (1995): Altruism and Beyond. Cambridge.
Streit, Manfred E. (1994): Das Leitbild der sozialen Marktwirtschaft – Konsens, Konfliktfelder, Defizite, Reformchancen, in: *Bertelsmann Stiftung/Heinz Nixdorf Stiftung/Ludwig-Erhard-Stiftung* (1994), 203–214.
Suchanek, Andreas (1994). Ökonomischer Ansatz und theoretische Integration. Tübingen.
Vaubel, Roland (1983). Reforming Social Security for Old Age, in: *Giersch*, Herbert (ed.): Reassessing the Role of Government in Mixed Economies. Symposium 1982. Tübingen, 173–190.

Vaubel, Roland (1990): Sozialpolitik für mündige Bürger: Optionen für eine Reform. Baden-Baden.

Walter, Norbert (1994): Das ethische Fundament der Sozialen Marktwirtschaft. Stellungnahme aus Sicht der Christlichen Soziallehre, in: *Bertelsmann Stiftung/Heinz Nixdorf Stiftung/Ludwig-Erhard-Stiftung* (1994), 44–49.

Watrin, Christian (1988): Thesen zum Programm der Sozialen Marktwirtschaft, in: *Homann*, Karl/*Schönwitz*, Dietrich/*Weber*, Hans-Jürgen/*Wünsche*, Horst Friedrich (Hrsg.): Grundtexte zur Sozialen Marktwirtschaft Bd. 2. Ludwig-Erhard-Stiftung e.V., Stuttgart, 147–154.

Zum Forschungsprogramm »Weiterentwicklung und Perspektiven der Sozialen Marktwirtschaft«

Zielsetzung und Themenschwerpunkte

Seit 1992 fördern die *Bertelsmann Stiftung*, die *Heinz Nixdorf Stiftung* und die *Ludwig-Erhard-Stiftung* das Programm »Weiterentwicklung und Perspektiven der Sozialen Marktwirtschaft«. Die gemeinsame Initiative verfolgt das Ziel, auf der Grundlage von fundierten Analysen und im fachübergreifenden Dialog mit Wissenschaftlern und erfahrenen Praktikern aus Wirtschaft und Politik eine breit angelegte Debatte mit und innerhalb der gesellschaftlichen Öffentlichkeit über das Leitbild und die Funktionsbedingungen der Sozialen Marktwirtschaft anzustoßen. Das auf vier Jahre angelegte Gesamtprogramm wird federführend vom *Institut für Weltwirtschaft an der Universität Kiel* koordiniert.

Die Forschungsarbeiten konzentrieren sich zunächst auf fünf große, interdependente Themenkomplexe: ›Ethik und Markt‹, ›Führung und Motivation‹, ›Internationale Wettbewerbsordnung‹, ›Markt und Staat‹, ›Ökologie und Marktwirtschaft‹. In den einzelnen Forschungsschwerpunkten geht es in erster Linie jeweils darum, für zentrale gesellschaftliche Handlungsfelder die sich ändernden Rahmenbedingungen aufzuzeigen, zukunftsweisende ordnungspolitische Orientierungslinien zu formulieren wie auch konkrete, operationale Vorschläge für institutionelle Reformen zu entwickeln und in die öffentliche Fachdiskussion einzubringen.

Die *Bertelsmann Stiftung*, Gütersloh, wurde 1977 von Reinhard Mohn, Mehrheitsaktionär der Bertelsmann AG, gegründet. Sie versteht sich als konzeptionell arbeitende Einrichtung, die ihre Förderungsprojekte in der Regel selbst initiiert und von der Projektidee bis zu deren Umsetzung inhaltlich und organisatorisch mitgestaltet. In den Förderbereichen ›Führungs- und Organisationsstrukturen‹, ›Medien‹, ›Politik‹, ›Kultur‹ sowie ›Medizin und Gesundheitswesen‹ werden zum einen praxisorientierte und anwendungsbezogene Projekte mit Modellcharakter gefördert. Zum anderen greift die Bertelsmann Stiftung in ihrer Projektförderung seit jeher hochaktuelle und drängende gesellschaftliche Problemstellungen auf und erarbeitet in Zusammenarbeit mit externen Partnern Lösungskonzepte, die dazu beitragen sollen, der öffentlichen Diskussion neue Impulse zu geben und politische Defizite zu überwinden.

Die *Heinz Nixdorf Stiftung* (bis 1994 unter dem Namen *Friedrich Spee Stiftung*), München, wurde 1985 von dem 1986 verstorbenen Heinz Nixdorf, Paderborn, gegründet. Die Heinz Nixdorf Stiftung fördert in erster Linie die Entwicklung des freiheitlich demokratischen Staatswesens, insbesondere der Sozialen Marktwirtschaft, sowie die berufliche Aus- und Fortbildung und die Wissenschaft in Forschung und Lehre, vor allem auf dem Gebiet der Informationstechnik. Die Förderung erfolgt jeweils in partnerschaftlicher Zusammenarbeit mit anderen gemeinnützigen Organisationen.

Die *Ludwig-Erhard-Stiftung*, Bonn, wurde 1967 durch Altbundeskanzler Professor Dr. Ludwig Erhard in Bonn gegründet. Sie hat die Aufgabe, freiheitliche Grundsätze in Politik und Wirtschaft durch staatsbürgerliche Erziehungs- und Bildungsarbeit sowie durch wissenschaftliche Tätigkeit auf dem Gebiet der Wirtschafts- und Ordnungspolitik zu fördern. Die Ludwig-